せんべろnetの ひとり酒場 家飲み手帖

せんべろnet
ひろみん

ONE PUBLISHING

はじめに

みなさまこんにちは。せんべろnet管理人のひろみんと申します。まず、この本を手にとってくださってありがとうございます。ひとり飲みや酒場探索が好きな酒飲み女でして、Webサイト「せんべろnet」で、立ち飲みや大衆酒場など気軽にちょっと一杯楽しめる酒場情報や簡単おつまみレシピなどを配信しています。

十数年前の私は、仕事に追われる毎日でした。当時の楽しみと言えば、仕事帰りにひとり飲みをすること。そしてある日、偶然入った立ち飲み屋でその魅力に取りつかれたんです。メニューは１００円～３００円で安いし、料理はひとり飲みに適量でおいしい！　店員さんは笑顔で気持ちがいいし、おまけに一杯だけで帰る人もいて、本当に気軽。そのときの会計は１０００円ほどで、「こんな１０００円の楽しみ方があったの？」と、ただただ感激。仕事の疲れはどこへ？と吹き飛んでいたほど。そこから多くの立ち飲みや大衆酒場を巡るようになりました。

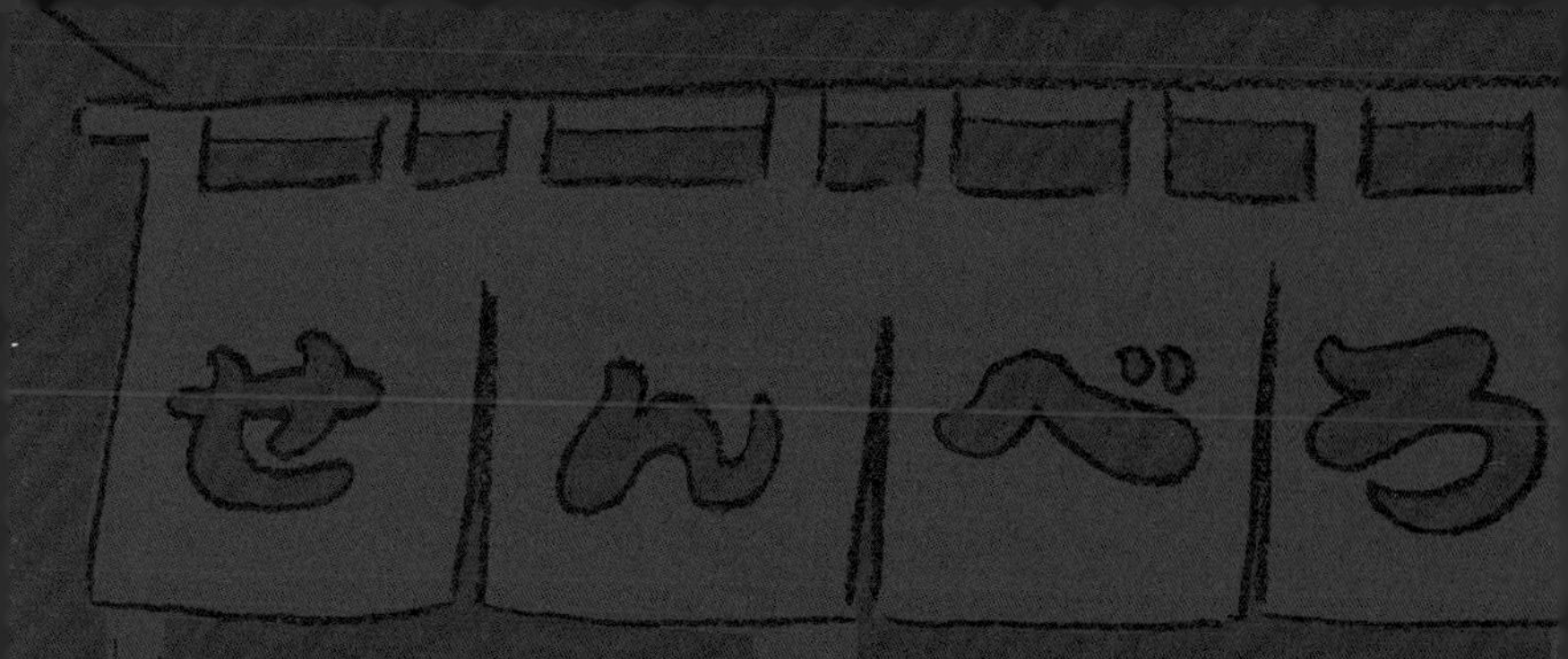

ひとり飲みが好き

なぜなら思い立ったときに、行きたい酒場で誰に気をつかうことなく、自分のペースでお酒や料理を楽しんでリフレッシュできるから。もちろん仲間と飲むことも好きですが、ひとり飲みはまた違った楽しさがある。

本書はそんな「ひとり飲み」をテーマにした本で、酒場とお家でひとり飲みを楽しむ二部構成の本になっています。

「酒場で楽しむひとり飲み」では、55軒のひとり飲みにおすすめの酒場をご紹介。選んだ基準は、住所が東京都内であること（一部除く）、予算はちょい飲みで１０００円〜２０００円台で楽しめる大衆価格、おいしくワクワク感があって、何よりひとり飲みしやすいこと。そこで飲むと、明日の活力になるような素敵なお店ばかりです。

「お家で楽しむひとり飲み」では、ひとり飲みにちょうどいい50レシピをご紹介。「大好きな酒場に教わるレシピ」や、缶ビールを片手にほろ酔いでも作れる「簡単おつまみレシピ」をご紹介。

この本を読んで、仕事終わりに「この酒場へ行ってみよう」とか、「これ作ってみよう」とか、楽しいひとり飲みのキッカケになれていたら、これほどうれしいことはありません。

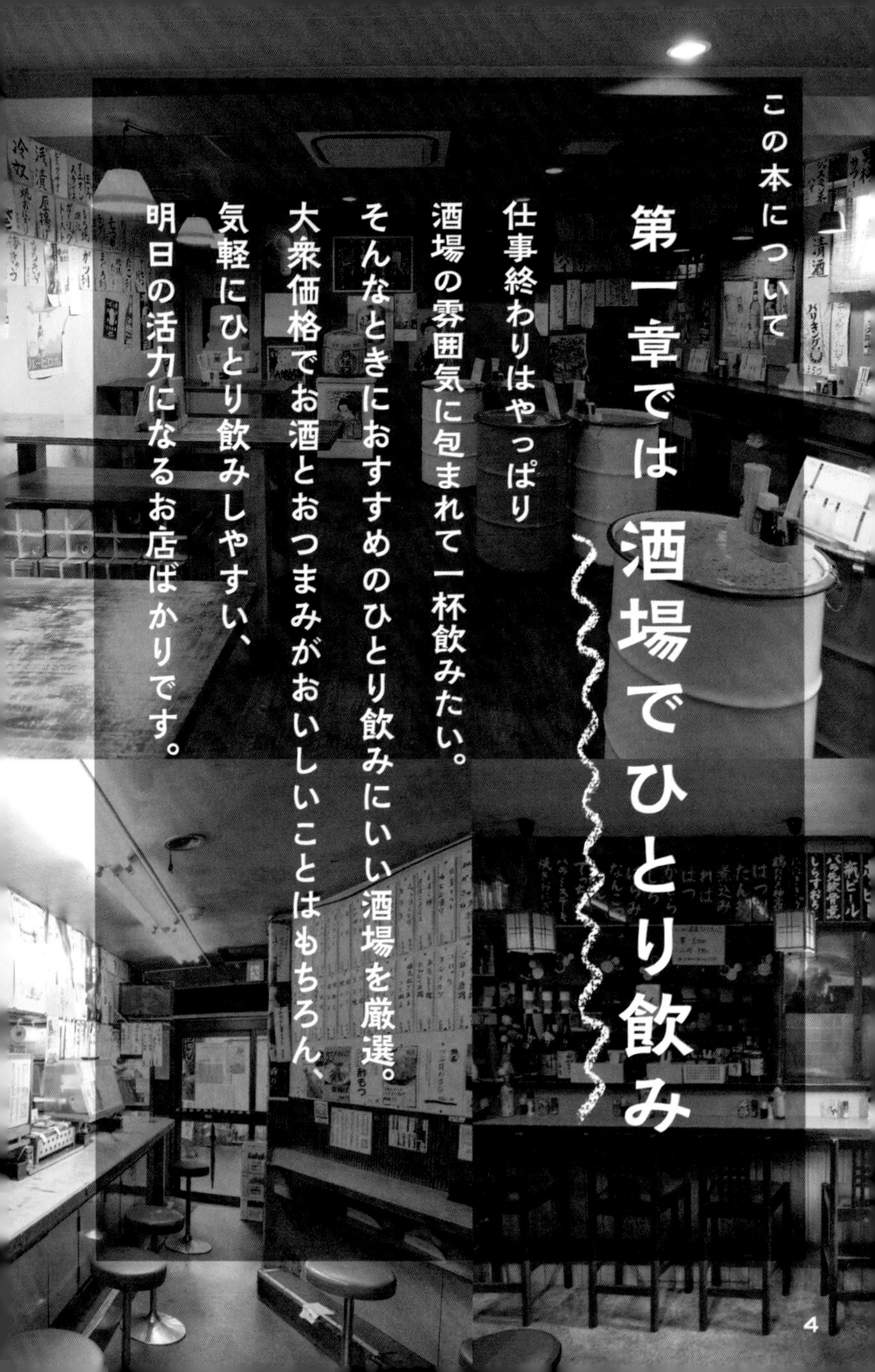

この本について

第一章では酒場でひとり飲み

仕事終わりはやっぱり
酒場の雰囲気に包まれて一杯飲みたい。
そんなときにおすすめのひとり飲みにいい酒場を厳選。
大衆価格でお酒とおつまみがおいしいことはもちろん、
気軽にひとり飲みしやすい、
明日の活力になるお店ばかりです。

第二章ではお家でひとり飲み

帰宅してからも飲みたい！
休日は家飲みでしょ！ というときにおすすめの
ひとり飲みにちょうどいい簡単おつまみレシピを紹介。
人気店に教わる絶品レシピでお家にいながら
酒場の味を楽しめます。 さらに、 ほろ酔いでも作れる
簡単レシピで、 飲んでつまんでのエンドレスも楽しんで。

もくじ

第一章 酒場で楽しむひとり飲み

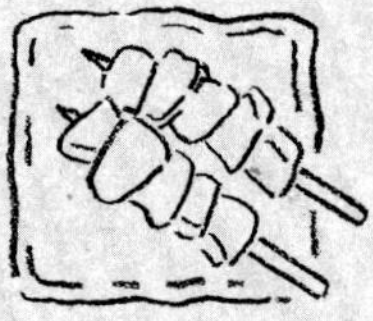

第一章のコラム

第二章 お家で楽しむひとり飲み

お店に教わる簡単絶品おつまみ

せんべろnetの簡単おつまみレシピ

第二章のコラム

※価格は2023年6月現在のものです。
※「お店に教わる簡単絶品おつまみ」の料理レシピ掲載写真は酒場からいただいたレシピをもとに再現したものになります。酒場で実際に提供されている一品とは異なる場合があります。予めご了承ください。
※L.O.=ラストオーダー、D.L.O.=ドリンクラストオーダー、F.L.O=フードラストオーダーの略です。

酒場店舗MAP

東東京方面
西新井駅
大師前駅
日暮里・舎人ライナー
つくばエクスプレス
綾瀬駅
小菅駅
お花茶屋駅
扇大橋駅
王子駅
都電荒川線
京浜東北線
東京メトロ千代田線
北千住駅
京成本線
上中里駅
町屋駅
堀切駅
常磐線
巣鴨駅
山手線
駒込駅
田端駅
南千住駅
東武スカイツリーライン
京成押上線
四ツ木駅
西日暮里駅
日暮里駅
都営三田線
千駄木駅
東向島駅
本所吾妻橋駅
鶯谷駅
東京メトロ丸ノ内線
東大前駅
根津駅
曳舟駅
上野駅
浅草駅
押上駅
水道橋駅
御茶ノ水駅
御徒町駅
都営浅草線
錦糸町駅
中央線
秋葉原駅
総武線
亀戸駅
九段下駅
馬喰町駅
市谷駅
神田駅
都営新宿線
住吉駅
東京駅
清澄白河駅
二重橋前駅
有楽町駅
八丁堀駅
南砂町駅
東京メトロ東西線
東京メトロ銀座線
東京メトロ日比谷線
越中島駅
月島駅
新橋駅
京葉線
潮見駅
浜松町駅
豊洲駅
新木場駅
市場前駅
田町駅
1
2
3
4
5
6
7
8
9
10
11
12
13
14
15
16
17
18
19
20
21
22
23
24
0
N
2km

❶大衆酒場ゑびす(P.082)
❷酒屋の酒場(P.084)
❸タチアタル(P.100)
❹さかづきBrewing(P.076)
❺ざわさん(P.030)
❻もつ焼 たつや 町屋店(P.056)
❼ごっつり 南千住店(P.062)
❽信濃路 鶯谷店(P.086)
❾さんたろう 上野店(P.061)
❿おとんば 上野店(P.108)
⓫ほていちゃん 上野店(P.098)
⓬もつ焼 でん アメ横店(P.029)
⓭森川水産 魚安(P.093)
⓮スタンドヒーロー(P.032)
⓯寿司バル 弁慶 神田店(P.075)
⓰かぶき 立ち呑み(P.038)
⓱明治屋酒店(P.022)
⓲もちこみ屋(P.088)
⓳立ち酔い 超人(P.020)
⓴立ち呑み居酒屋 RAKUMI(P.034)
㉑寿司トおでん にのや 有楽町店(P.074)
㉒和酒Pub庫裏(P.059)
㉓壹番館(P.016)
㉔立呑処 へそ 新橋本店(P.029)
㉕舟和(P.092)
㉖八百屋の一平ちゃん(P.092)
㉗魚ケイ(P.093)
㉘大林(P.080)
㉙百味家(P.030)
㉚晩杯屋 武蔵小山本店(P.102)
㉛勘蔵(P.018)
㉜なまけ 蒲田本店(P.036)
㉝ピザランド(P.048)
㉞立呑み 魚椿 蒲田店(P.060)
㉟にこまる三代目(P.060)

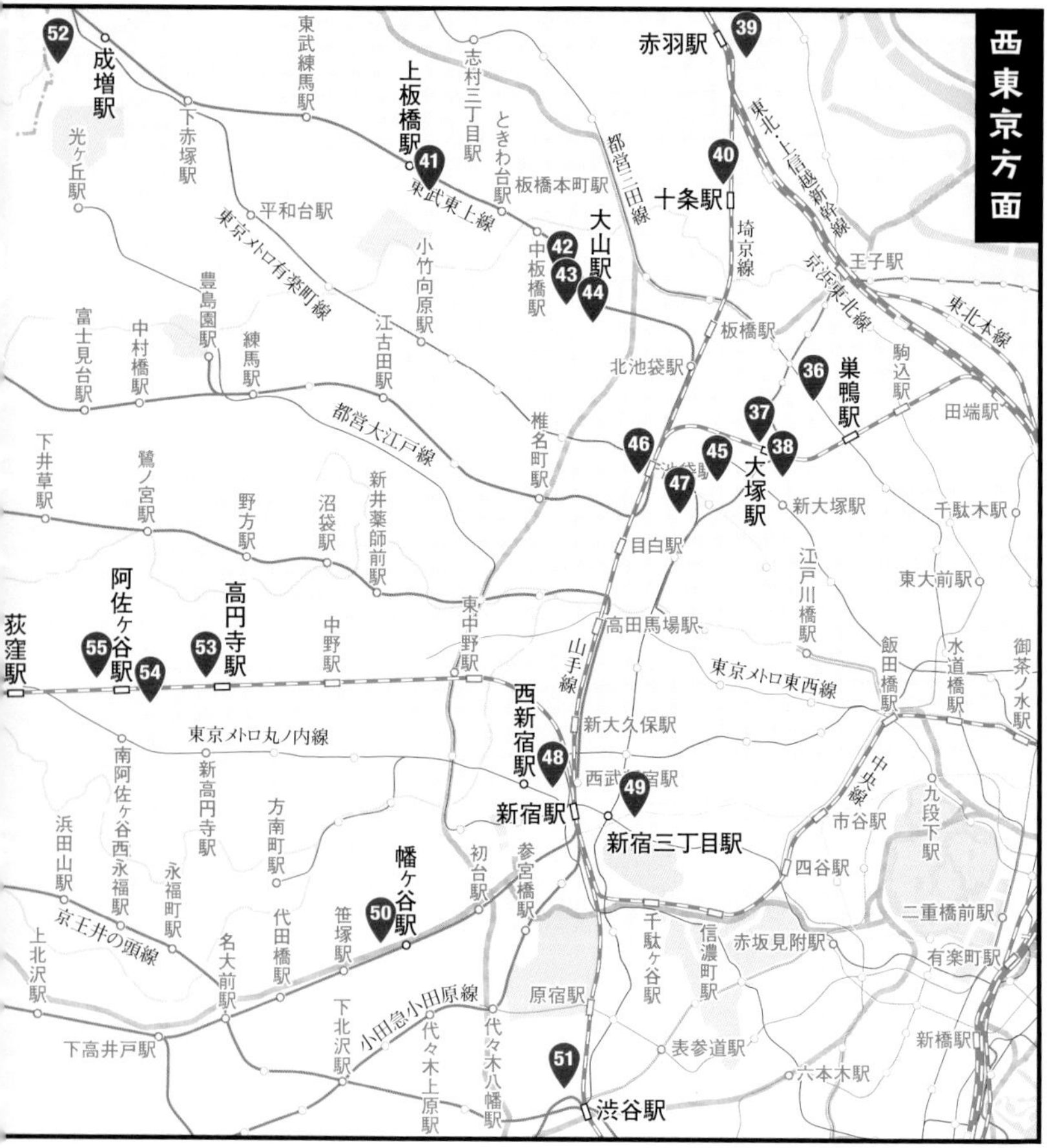

36 朝めし酒場ナニコレ食堂（P.072）
37 大塚バル LOCAL（P.059）
38 ドラム缶 大塚店（P.058）
39 TORIKAGO赤羽南口店（P.070）
40 斎藤酒場（P.078）
41 須賀乃湯（P.052）
42 キリンとラガーまん（P.024）
43 立ち呑み屋 ViVA（P.106）
44 ゾウとチャッカまん（P.096）
45 岩瀬蒸店（P.040）
46 一軒め酒場 池袋南口店（P.104）
47 やきとんみつぼ（P.050）
48 キッチン蓮（P.068）
49 IL Bacaro（イル・バーカロ）（P.042）
50 串かつ 名代（P.064）
51 神田屋 渋谷センター街店（P.061）
52 やきとん泰希（P.054）
53 ウシータ（P.031）
54 ぼてふりの四文屋 阿佐ヶ谷南口店（P.031）
55 立呑焼鳥 阿佐立ち（P.026）
56 すーさんち（P.066）
57 独楽寿司 八王子オクトーレ店（P.075）
58 清流ガーデン 澤乃井園（P.044）
59 はなみち（P.091）
60 ぽんしゅ館 新潟驛店（P.091）
61 立ち飲み処ひろ（P.090）

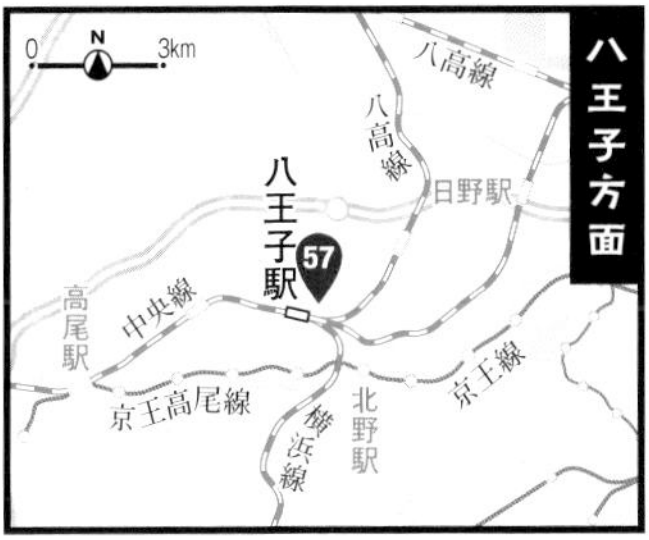
八王子方面
0 N 3km
八高線
八高線
日野駅
八王子駅
57
高尾駅
中央線
京王高尾線
横浜線
北野駅
京王線

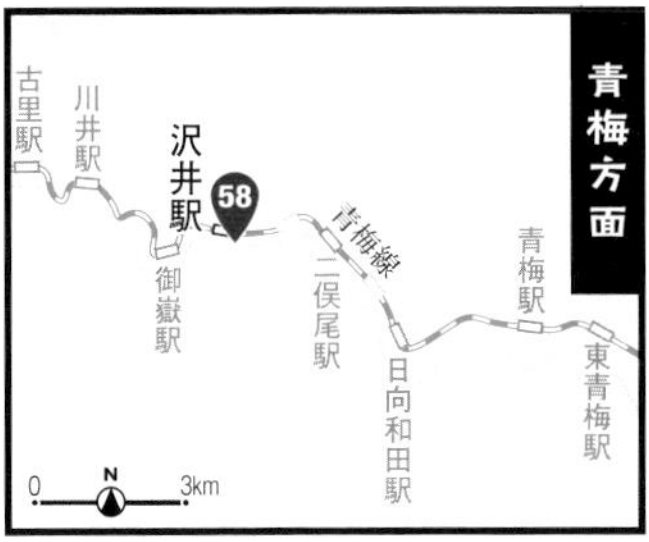
青梅方面
古里駅
川井駅
沢井駅
58
御嶽駅
青梅線
二俣尾駅
青梅駅
日向和田駅
東青梅駅
0 N 3km

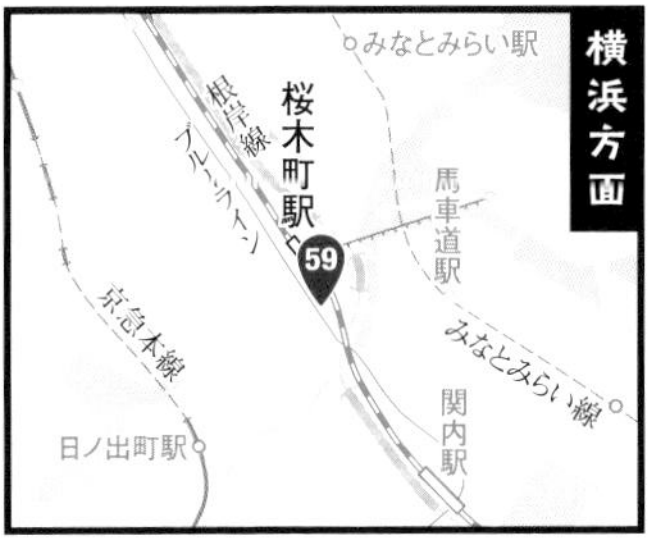
横浜方面
みなとみらい駅
根岸線
桜木町駅
ブルーライン
59
馬車道駅
京急本線
みなとみらい線
関内駅
日ノ出町駅

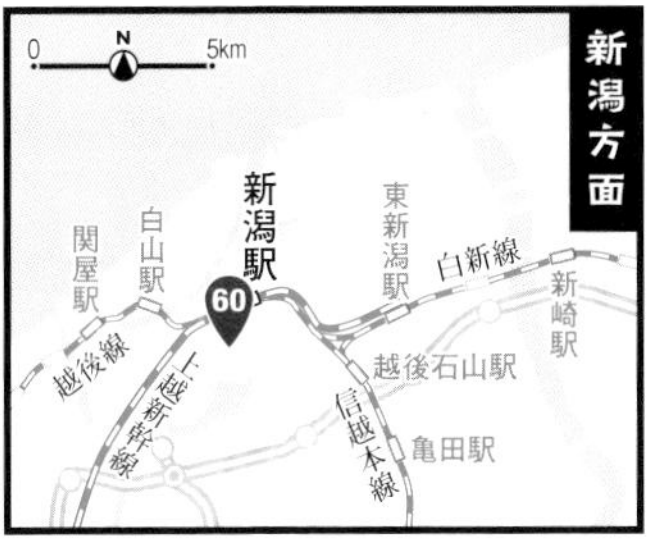
新潟方面
0 N 5km
新潟駅
東新潟駅
白新線
関屋駅
白山駅
60
新崎駅
越後線
上越新幹線
越後石山駅
信越本線
亀田駅

東久留米駅
ひばりヶ丘駅
保谷駅
大泉学園駅
西武池袋線
田無駅
西武柳町駅
東伏見駅
武蔵関駅
上石神井駅
西武新宿線
東小金井駅
武蔵境駅
三鷹駅
吉祥寺駅
中央線
56
新小金井駅
井の頭公園駅
三鷹台駅
つつじヶ丘駅
仙川駅
京王線
0 N 2km

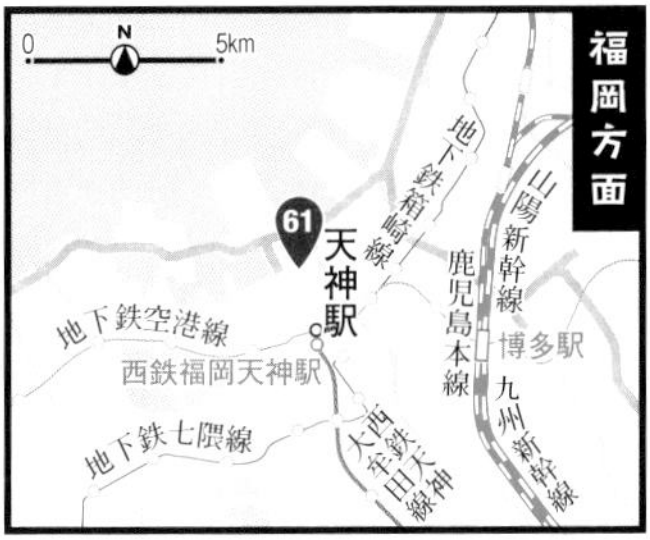
福岡方面
0 N 5km
地下鉄箱崎線
山陽新幹線
61
天神駅
鹿児島本線
地下鉄空港線
博多駅
西鉄福岡天神駅
九州新幹線
地下鉄七隈線
西鉄天神大牟田線

第一章

酒場で楽しむひとり飲み

ひとり飲みにおすすめの気軽でおいしい酒場を、
酒場での楽しみ方、酒場で感じる魅力など、
写真とともに紹介。
全55店舗著者書き下ろし原稿で
雰囲気や情緒もお届け。
今宵の酒場探しにぴったりです。

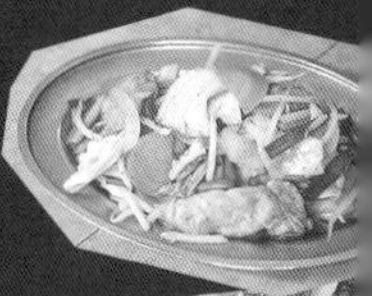

appy Set
550円（税込み）
ドリンク1杯（490円まで）＋おまかせ串かつ3本
毎日17:00まで 何回でもOK!!

私がひとり飲みで気をつけていること

水分補給
はしごの合間や帰路でたっぷり水を飲む。翌日ラク。

万札は避ける
お店によって釣銭がない場合もあるので、予め1000円札を用意。

よそさまのおうちにお邪魔している感覚で楽しむ
酔って失礼のないように気をつけねば……。

飲まないなら帰る
もっとその場にいたいときは注文する。

無理しない
酔客に絡まれて面倒だったり、酔ったりしたら無理せず会計。

定員15名程のアットホームな立ち飲み空間。お店の方も常連さんも皆さんお優しい。

立ち飲み

心配りに癒される新橋のオアシス

お酒がすすむ
人気のカレー！

今日はメロンだよ！

1.お料理は1品300円。人気の手作り「カレー(ルーのみ)」は具だくさんでサラッと！つまみに最適。**2.**調味料が豊富！ 缶詰なども楽しめる。**3.**健康志向の「トマトジュースハイ」と人気の「グリーンティハイ」。焼酎濃い目がうれしい♪

新橋 壹番館

季節のフルーツにワクワクする駅前ビルの立ち飲み屋

新橋駅前ビル2階のスナックのような佇まいの立ち飲み屋「壹番館」。お母さんと美加さんの親子で切り盛りされていて、いつも温かく迎えてくれます。

創業は2000年。お母さんは赤坂のクラブご出身で、新聞の物件情報で見つけた同場所で開店。当初はスナックでしたがお客さんが入らず、「立ち飲みにしたらどう?」とのアドバイスから立ち飲み屋へ。すると、評判のお店になったという。

まずはコインケースにお金を入

お品書き
酎ハイ　350円
グリーンティハイ　350円
人気 カレー（ルーのみ）　300円
人気 季節の煮物　300円
（肉豆腐・里芋とイカ煮・かす汁など）
人気 旬のおひたし　300円
隠れ人気 焼魚　300円

れ、お決まりの「グリーンティハイ」から。粉末茶使用でお茶も焼酎も濃くて呑兵衛に刺さる一杯。さらに「今日はメロンだよ！」とフルーツが登場。２階まで上がって来てくれたお礼として、**季節のフルーツをサービスで振る舞ってくださるんです。**おつまみは３００円均一で手作り料理がずらり。人気の「カレー」、季節を感じる「旬のおひたし」や「季節の煮物」、「焼魚」など、どれもおいしく懐かしい味でお酒がすすむ。

お財布に優しく、心配りに癒される新橋のオアシス。新橋へ行くと立ち寄らずにはいられません。

お店から ひとこと

楽しく飲んでほっこりとした気分になって帰っていただけたらうれしいです。お気軽にお越しください。

住 東京都港区新橋2-20-15 新橋駅前ビル1号館2F　☎ 03-3574-1327
営 15：00〜23：30　休 土日祝

悪魔割りサワーとトンカツでせんべろ！

蒲田 勘蔵

火曜限定
トンカツと
カレー
ジュー！！
できあがり！

呑兵衛に愛される安い・うまい・愉快な立ち飲み屋

西蒲田の立ち飲み屋「勘蔵」。安くてうまくて楽しい！ 一度訪れるとすぐにまた行きたくなるお店。切り盛りするのはご主人の関さん。長年調理師をされていて、ひとりで営業できる楽しいたまり場を作りたいと２００６年に同店を開業。

まずは「悪魔割りサワー」から！ 濃いめ酎ハイを赤ワインで割った驚きの超濃いめサワー。それでいて飲みやすいから瞬く間に酔っ払う。**注文から作り上げるこだわりのお料理はどれもおいしくて魅力的。**定番か

定員10名足らずのアットホームな空間。皆さん陽気で優しい方ばかり。

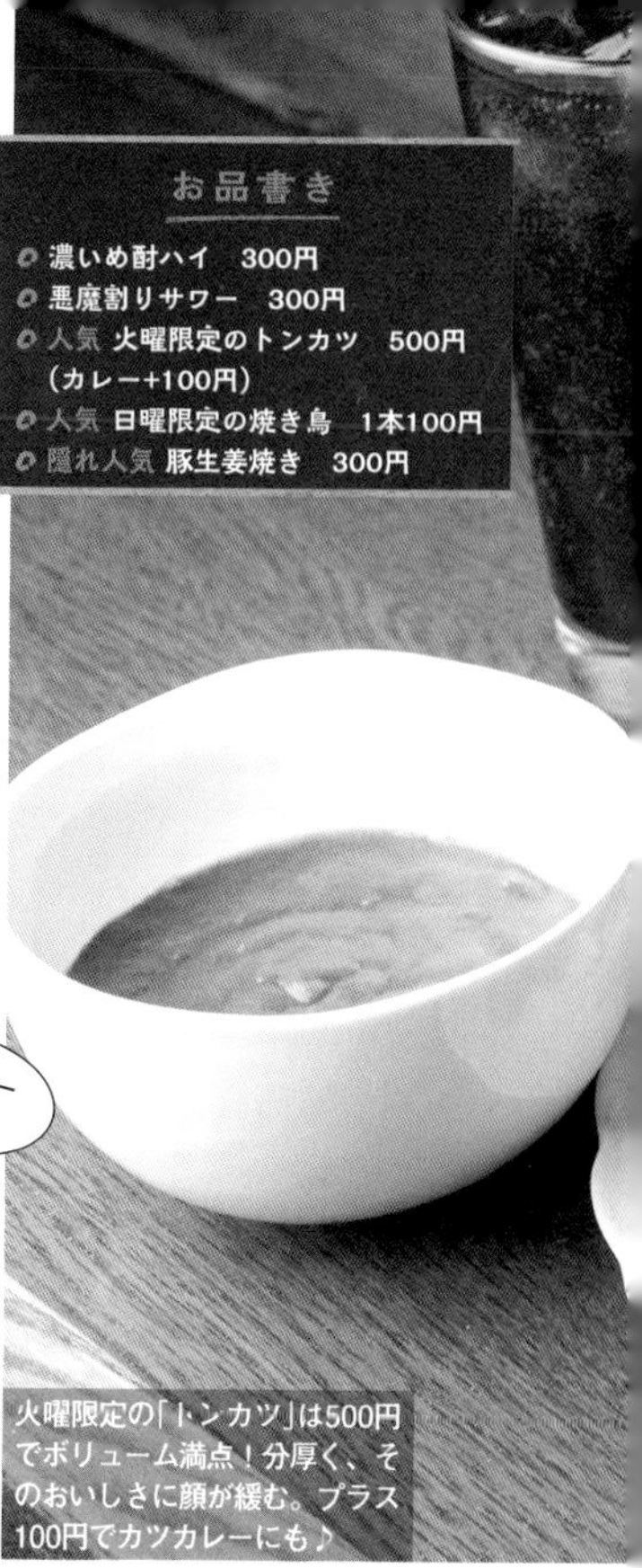

お品書き

- 濃いめ酎ハイ　300円
- 悪魔割りサワー　300円
- 人気 火曜限定のトンカツ　500円（カレー+100円）
- 人気 日曜限定の焼き鳥　1本100円
- 隠れ人気 豚生姜焼き　300円

火曜限定の「トンカツ」は500円でボリューム満点！分厚く、そのおいしさに顔が緩む。プラス100円でカツカレーにも♪

1.お酒がすすむこと間違いなしの「豚しょうが焼き」。2.常連さん考案！ 世にも奇妙な「悪魔割りサワー」。3.日曜限定の「焼き鳥」はひと味違う製法。どんな焼き鳥かは食べてからのお楽しみ。

キャッシュオンで明朗会計♪

ら曜日限定メニューまであり、人気は火曜限定の「トンカツ」。分厚さが肝でサクッと歯切れよくひと口頬《ほお》張ると顔が緩む。20年かけて結論が出たという日曜限定の「焼き鳥」も人気。注文から串打ちが始まり手間暇をかけた逸品で、うまみが凝縮した“食べてからわかる焼き鳥”です。定番「豚生姜焼き」も忘れちゃいけない。おろしたてのしょうがたっぷりでやわらかな豚肉とシャキッと玉ねぎ。ああ、お酒が止まらない。

毎日通える価格やお料理が魅力的なことはもちろん、ご主人や常連さんの掛け合いが楽しい愉快なお店。

お店から ひとこと

みんなで仲よく飲めるようなよい空間を作ることを心掛けています。お気軽にお越しください。

住 東京都大田区西蒲田7-11-5　☎ 03-5703-2161
営 平日16：00〜24：00　土日祝12：00〜24：00　休 なし

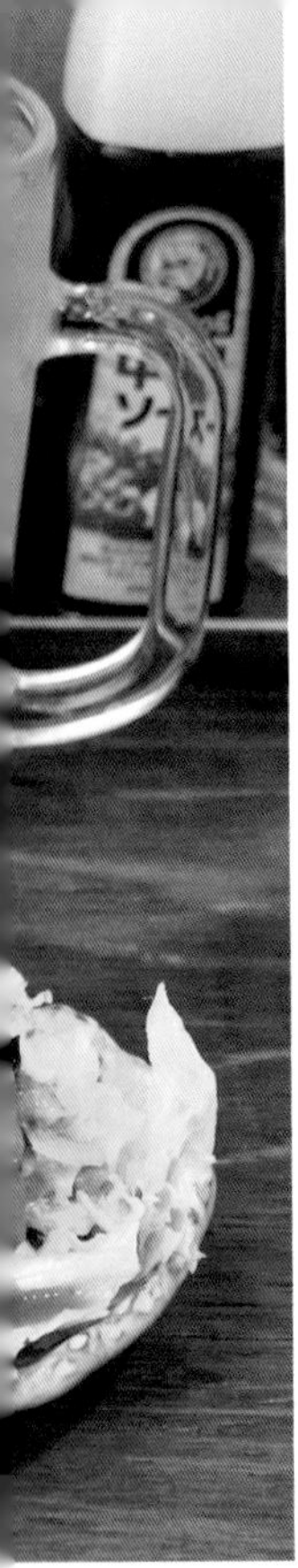

安ウマ！最強せんべろ立ち飲み

亀戸 立ち酔い 超人

50名程が利用できる広々とした空間。気軽にのんびりひとり飲みできる。

2

1

3

1.キャッシュオンで明朗会計。**2.**人気メニュー「とりから」。サクサク＆ジューシー。しっかり味でお酒がすすむ。**3.**日替りメニューも見逃せない！ 売り切れていくので来店は早い時間が吉。

気軽にのんびり呑める キャッシュオンの立ち飲み居酒屋

亀戸へ行くと寄りたくなる「超人」。**酎ハイ170円、つまみ60円〜という驚き価格の立ち飲み屋。**

店主の清水さんは、元々小岩の立ち飲み屋ご出身の方で2016年6月に同店を独立開業。モットーの早い・安い・おいしいを体現されている企業努力に頭が下がります。

お店は雑居ビルの2階にあり、最初は入店に勇気が必要でしたが、入ってしまえば気軽にのんびり呑める広々とした空間。そして手作りのおつまみが安くておいしい！

どれもおいしい大好きな組合せ！ 酎ハイ、ごぼうから揚げ、海鮮サラダ、牛ハンバーグ。

カウンターの上にお金を置いたら、「酎ハイ」を注文。シュワっとドライで落ち着く〜！　おつまみはお決まりの「海鮮サラダ」。お刺身がのったサラダでヘルシー&おいしい。早速2杯目の「酎ハイ」をおかわりして、2品目は「ごぼうから揚げ」。サクホク味しみで酎ハイがすすむよどこまでも。という訳で3杯目の「酎ハイ」、3品目の「牛ハンバーグ」も。和風味でお肉のうまみが凝縮。ポテトつきなのもテンション上がっちゃいます。酎ハイ3杯・つまみ3品で1300円。すっかり酔い気分でごちそうさまでした！

お店から ひとこと

お気軽に一杯だけでもよいので利用していただけるとありがたいです。お気軽にお越しください。

住 東京都江東区亀戸5-10-1 亀戸ロイヤル2F　☎03-3685-0105
営 平日15：00〜23：00　土日祝15：00〜22：00　休 不定休

立ち飲み

絶品生ビールが1杯300円！

黒生やハーフ＆ハーフも楽しめる。

まずはカウンターで
注文＆前払い！

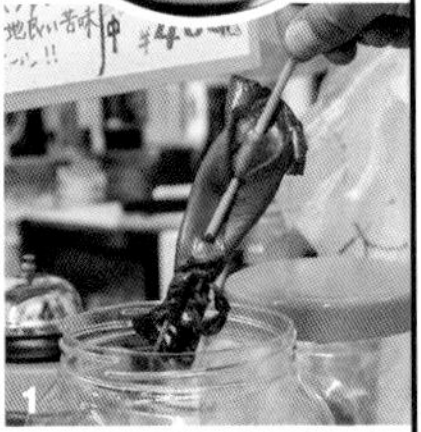

1.やみつきになる「酢いか(100円)」。2.常連さんに評判の「からしレンコン(250円)」と「チーとろカマンベール焼(300円)」。3.定員12名ほどの小さな立ち飲み空間。気軽に飲める雰囲気です。

本所吾妻橋 明治屋酒店

居心地よく安心して呑める！ 酒屋さんの立ち飲み角打ち

浅草駅から歩くこと約10分。本所吾妻橋にある明治16年創業の老舗酒屋。**立ち飲み併設でお昼から一杯できます。**

まず、酒屋さんなので生ビールが300円からと安い。銘柄はアサヒの「マルエフ生ビール」や「スーパードライ」、「黒生」、「ハーフ&ハーフ」、「日替り 隅田川ブルーイング」など常時5種を提供。**鮮度とサーバーの洗浄にこだわられているから、とびきりおいしい！** 中でも1番人気の「マルエフ生ビール」は300円

お品書き

- 酎ハイ　250円
- 人気 マルエフ生ビール中　300円
- 人気 日替り 隅田川ブルーイング大 550円
- 隠れ人気 酢いか　100円
- 隠れ人気 レーズンバター　250円
- 隠れ人気 カレー缶詰200円

とは思えぬおいしさ。「日替り 隅田川ブルーイング」も、中400円・大550円と驚きの安さでありながら絶品。一度飲んだら、おかわりせずにはいられません。また、おつまみは駄菓子や珍味などの乾き物をはじめ、煮物やピザまで呑兵衛心をくすぐるものが盛りだくさん♪

カウンターに立つお話上手な女将さんは、「居心地のよいアットホームなお店」を目指されていて、ときには酔ってウザ絡みをするお客さんへの対応もされています。安くておいしくて、初めての方や女性も安心してひとり飲みできるお店。

お店から ひとこと

鮮度にこだわった安くておいしい生ビールを提供しています。お気軽にぜひ、お立ち寄りください。

住 東京都墨田区吾妻橋3-7-12　☎ 03-3622-1592
営 12：00〜23：00　祝12：00〜21：00　休 日

立ち飲み

おいしい・楽しい～！ やみつき立ち飲み

板橋・大山 キリンとラガーまん

一度馴染むとまた行きたくなる線路沿いの立ち飲み屋

一見入りづらい佇まい。だけど実は気軽に一杯できるんです。「いらっしゃい！」と声を掛けてくれたのは店主の三浦さん。元々立ち飲みがお好きで脱サラをして2015年6月に同店を開業。**こだわりのお酒や三浦さんの作るおつまみがおいしく魅力的！** まずは「生ビール」。店名からキリンかと思いきやサッポロ。札幌で黒ラベルに魅了され、おいしいビールを提供したいとパーフェクト黒ラベル認定を取得。こだわりの一杯が楽しめます。

付近には系列店
「ゾウとチャッカまん」
(P.96)もあるよ！

定員は15名。人との距離が近く気軽で
楽しい立ち飲み空間(一部椅子もある)。

クリーミーでうま〜い！

1.電車を眺めながらの一杯！ 2.クリーミーでクリアなこだわりのパーフェクト黒ラベル。3.芋焼酎など本格焼酎もいろいろ。

レモン入り酎ハイ「さわやか」、満足感たっぷりのチキンナゲット、ピカピカ刺身盛り、止まらないマカロニポリポリ。

2杯目からはレモン入り酎ハイ「さわやか」。爽やかドライでロックアイス使用。おつまみは手作りでどれもお酒がすすみます。イチオシは満足感たっぷりの「オリジナルチキンナゲット」はゴロっと食感がおいしい！ 隠れ人気の「マカロニポリポリ」は噛みごたえがあり後ひくおいしさ。また、日替りメニューも必見。魚は豊洲市場の仲卸《なかおろし》から仕入れていて、鮮度がよく、マグロの脳天など希少部位が並ぶことも。

さらには立ち飲みならではの距離感も魅力。いつの間にか話が弾み、つい長居してしまう楽しいお店♪

お店から ひとこと

小さいお店なのでひとりだと居づらいかもしれませんが、だからこそ、すぐに顔見知りができますよ。

 住 東京都板橋区大山町33-1 椎山荘 102　☎ なし　営 16：00〜24：00　休 水木日

立ち飲み

絶品鶏ハツやもつに舌鼓！

阿佐ヶ谷 立呑焼鳥 阿佐立ち

8割のお客さんがひとり飲み。カウンターはクッションつきで「寄りかかってくださいね」との事。こりゃラクだ♪

クッションつきで寄りかかるとラクちん♪

お品書き

- 酎ハイセット　540円（税込）
- 焼き鳥1本　170円～
  人気　もつ、つくね、うずら
- 人気　ポテトサラダ　430円
- 人気　鳥ぞうすい　650円

おいしい焼き鳥で楽しく一杯できる立ち飲み居酒屋

「おいしい焼き鳥で一杯飲みたい」。そんなときにお邪魔するお店。「けむりグループ」ご出身の小西さんが暖簾《のれん》分けで2011年に開業した、焼き鳥の立ち飲み屋。店名は阿佐ヶ谷の立ち飲み屋だから「阿佐立ち（あさたち）」と名づけています。

まずは酎ハイから！ 540円と一見お高めですが、グラスになみなみ注がれた宝焼酎・炭酸・氷入りジョッキのセットが登場し、好きな濃さで割って2～3杯楽しめる。**朝引きの健味どりを使用した焼き鳥は、鮮度よく焼き加減が絶妙！** お気に入りは「はつ」。ジュワっとうまみがあふれ出すぷりぷり食感で、何本でもおかわりしたくなるおいしさ。1番人気の「もつ（レバー）」は、ぷりっと濃厚&甘みのあるタレでお酒がすすむ。さらに「うずら」も外せない。半熟の黄身がとろっとあふれてやみつきになる。

お客さん同士の距離が近く、最初はドキドキ感がありますが、慣れると和気あいあい楽しいお店。向かいには座れる「はなれ」もあります。

1.焼酎の注ぎ方にはコツがあり縦にするとこぼさず注げる。**2.**もつ、うずら、ふりそで、ハツ。**3.**焼き加減が絶妙。タレは60年継ぎ足し。**4.**人気の「ポテトサラダ」はらっきょう入りで食感が楽しく爽やかな味わい。

お店から ひとこと

「ちょっと一杯」でも寄ってください。頼みやすい価格やボリュームのおつまみをご用意しています。

住 東京都杉並区阿佐谷北2-11-1　☎ 03-6325-8796
営 17：00～26：00　休 なし（不定休）

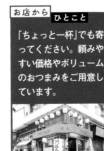

昼ひとり飲み酒場

外が明るいうちに一杯はじめられるのって最高！
昼から営業を開始している安くておいしいお店を紹介します。

1.レバ三昧(638円)のキャラメリゼされたムースがツボ！とろける濃厚な味わい。**2.**1本99円とは思えぬおいしさのもつ焼き。**3.**立ち飲みもできる。

108ページで「紅玉キャベ酢」のレシピを紹介しています。

上野

もつ焼き おとんば 上野店

99円～！一品料理も豊富なもつ焼き酒場

北千住や高田馬場にも店舗を構える人気のもつ焼き酒場。今回ご紹介する上野店は2015年開店の2階建ての店舗。12時営業開始でバッチリ昼飲みもできるんです。

もつ焼きは1本99円～ですが、99円とは思えぬ大きさ&おいしさ！一品料理も豊富で、やみつき味の「紅玉キャベ酢」、レバ刺し・ムース・パテが盛り合わせの「レバ三昧」、ボリューム満点の「おまかせ刺し三点盛り」など、魅力的なメニューが目白押し。おまけにホッピーが濃くてあっという間にほろ酔い。お財布に優しく、おいしいもつ料理が楽しめるお店です。

住 東京都台東区上野6丁目7-13　☎ 03-6803-0291
営 12:00～22:00 終日通し営業(F.L.O.21:00 D.L.O.21:30)　休 無休

御徒町

もつ焼 でん アメ横店

爽やかな
葡萄茶ハイ(400円)が
お気に入り

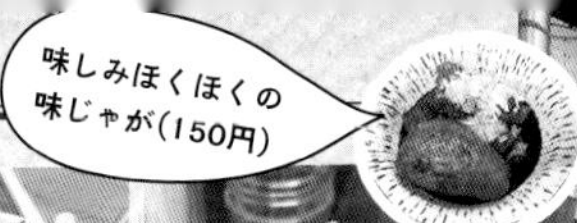

どれも絶品！人気のもつ焼き立ち飲み

都内を中心に数店舗展開されている人気もつ焼き酒場。2021年開店のアメ横店は1階は立ち飲み・2階は座り飲みの店舗。14時営業開始で昼飲みもできる。「もつ焼き」や「牛ハツ刺し」、「味じゃが」、「酢豆腐」、等どれもおいしく絶品です！

1.1階は立ち飲みなので気軽にサクっと楽しめる。**2.**上たん(250円)。**3.**マカロニサラダ(350円)。**4.**だんごつくね(250円)。何でもおいしい！

住 東京都台東区上野6-4-14 JR高架下　☎ 03-6284-4454
営 月～木15:30～21:30　金15:30～21:45　土・日・祝14:00～20:30　休 無休

新橋

立呑処 へそ 新橋本店

新橋で昼飲みできる気軽な立ち飲み

様々な立ち飲みを出店している「へそグループ」の中で、昼飲みも楽しめる「立呑処 へそ 新橋本店」。串揚げや鉄板焼きで気軽に一杯できて、訪れるとおすすめのボードメニューにワクワク♪　また、平日18時迄は早割で生ビールやサワーがお得です。

1.気軽にちょっと一杯できる明るい立ち飲み。**2・3.**限定おすすめボードのナポリタン(110円)とカツカレー串(209円)。どちらもお酒がすすむ。

住 東京都港区新橋2-8-2 TMビル 1F B1F　☎ 03-3508-0466　営 平日11：30～24：00(D.L.O.23:30)
平日ランチ11：30～14：00　土曜12：00～24：00(L.O.23:30)　日祝12：00～21：00(L.O.20:30)　休 なし

京成関屋

居酒屋 ざわさん

人気立ち飲みの支店で おいしい昼飲み

北千住で人気の立ち飲み「ざわさん」の支店にあたる京成関屋「居酒屋 ざわさん」。立ちと座りの店舗で、ランチや昼飲みも楽しめる。日替りの魚料理や一品料理、もつ焼きがおいしく、楽しい雰囲気で居心地もイイ。つい長居してしまいそうになります。

1.もつ焼きは1本100円～。
2.旬の日替わり料理が楽しみ♪ 200～400円台の価格帯。
3.北千住駅からも徒歩圏内。

住 東京都足立区千住曙町3-18 1F　☎ 03-5284-7013
営 11:30～22:00　休 月曜日、木曜日

船堀

船堀食堂 百味家

100種類のおかずが並ぶ食堂で昼飲み

10時開店でバッチリ昼飲みもできるセルフ式の食堂。まず、種類豊富なおかずからどれにしよう？と選ぶ楽しさがあります。そして、手作りの温かさが感じられて、おいしくお酒がすすむ。カウンター席もあるので、気軽にのんびりひとり飲みできます。

1.おかずは100円台～300円台の価格帯が中心。種類豊富でワクワクします。**2.**朝10時から飲める船堀の楽園。

住 東京都江戸川区船堀3-2-3　☎ 03-3869-6610
営 10：00～22：30　休 年中無休（年末年始、お盆期間を除く）

高円寺

アンディアーモ アッラ ウシータ

コスパ最強のイタリアン居酒屋で昼飲み

ご姉弟で切り盛りされている明るく気軽なイタリアン居酒屋。平日限定で「せんべろセット」の提供があり、ドリンク2杯＋おつまみ3品ｏｒドリンク3杯＋おつまみ2品で１６５０円。豊富なメニューから選べる楽しさとおいしさとボリュームに大満足！

1

浅草開化楼の麺を使用したモチモチの絶品パスタも必見。

2

イタリアで修業されたシェフの料理は何を食べてもおいしい！お気に入りはせんべろセットでも注文できるバルサミコソースの「鶏ムネのカツレツ」。

(住) 東京都杉並区高円寺北3-22-5 2F　☎ 03-6336-4451
(営) 月～土11:00～22:30　日曜日のみ17:00閉店　(休) 月に1回程度で不定休あり

阿佐ヶ谷

ぼてふりの四文屋 阿佐ヶ谷南口店

煮込み串や魚料理でおいしい昼飲み

煮込み串やおでん、魚料理が楽しめる四文屋。ほろほろ食べ応えのある煮込み串の「ホネ」や「和牛つゆしゃぶ＆スキヤキ風セット」がお気に入り。また、本日の１１０円皿や一品料理も魅力的。カウンター席のみなので、気軽にひとり飲みできます。

1

2

本日の110円皿は必見！

3

1·2.和牛つゆしゃぶ(385円)＆スキヤキ風セット(165円)。おでん出汁でしゃぶしゃぶした具材を割下や卵と一緒に。お酒がすすむ～！

(住) 東京都杉並区阿佐谷南２丁目１６－８　☎ 03-5929-7370
(営) 12：00～22：00　(休) 毎週月曜

立ち飲み

魚がうまい！安さと鮮度に感激

ハムカツ、日替りのお刺身（本マグロ赤身、活〆カンパチ、活〆真鯛）。どれもボリュームたっぷりでおいしい♪

水道橋 スタンドヒーロー

安い・うまい・ボリューム満点！人気の立ち飲み屋

　串揚げや魚料理が楽しめる立ち飲み屋で、開店前から行列ができる人気店！創業は２００６年。切り盛りするのは店主の井上さん。店名は近くに東京ドームなどがあり、ヒーローの聖地だから「ヒーロー」。さらに店内壁紙には、ヒーローに憧れた子どもの頃の家族写真がデザインされています。

　特筆したいのは**お料理がどれも安くてボリュームがあっておいしい！コスパ最強という点**。「串揚げ」など定番をはじめ、黒板にはお刺身など

黒板の日替り料理。数量限定なので来店は早い時間が吉。土曜は刺盛りも。

1.50円と驚き価格の「あら汁」。つまみにも〆にもなるうれしい逸品。**2.**定員30名程。活気のある楽しい立ち飲み空間。**3.**壁紙はヒーローに憧れた子どもの頃の家族写真がデザインされている。

お品書き

- 酎ハイ　320円
- ホッピーセット　430円（中おかわり220円）
- 串揚げ1本　80円～
- 人気　ハムカツ　380円
- 人気・日替り　お刺身　300円～
- 人気・日替り　マカロニポテトサラダ　310円
- 人気・日替り　あら汁50円

約40種の日替り料理が並び、中には50～100円台という驚き価格も。「安くてよいものを提供したい」と、毎日7～8軒の仕入れ先を回られているそうです。名物「ハムカツ」は厚切りで食べごたえがあり、満足感たっぷり。**黒板のお刺身は必見！** どれもピカピカで鮮度よく感動もの。そうそう50円の「あら汁」も忘れちゃいけない。激安なのに魚のうまみたっぷりでしっかりおいしい。そうこう楽しんでいるうちに瞬く間にホッピーが空っぽ！

安さとおいしさに感激する、呑兵衛にとってヒーローのようなお店。

お店から　ひとこと

グループのお客さまも多いのですが、意外とひとりでも楽しめる雰囲気なので、お気軽ご来店ください。

住 東京都千代田区神田三崎町2-21-9 田島ビル 1F　☎ 03-3221-9701
営 17：00～23：00　土16：30～21：00　休 日祝　隔週月曜日

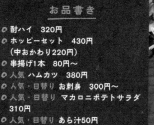

立ち飲み

宝箱のような刺身ますもりに舌鼓

八丁堀 立ち飲み居酒屋 RAKUMI

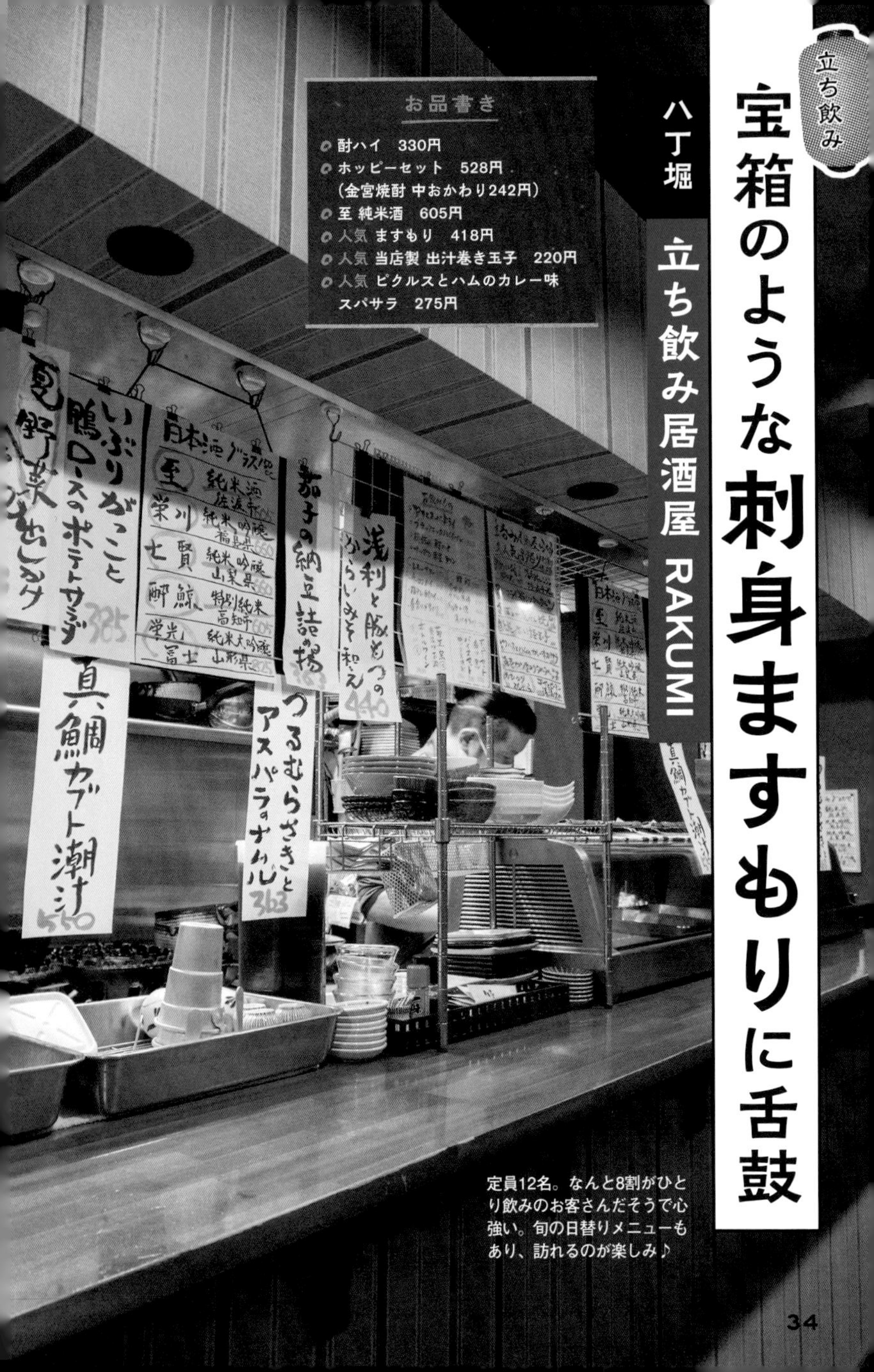

定員12名。なんと8割がひとり飲みのお客さんだそうで心強い。旬の日替りメニューもあり、訪れるのが楽しみ♪

ひとり飲みに優しい こだわりのお料理にときめく

一見素通りしてしまいそうな隠れ家のような佇まいですが、扉の先は気軽に一杯できる立ち飲み空間が広がっています。

切り盛りされているのは鈴木さんご夫婦。元々、付近にある魚料理の居酒屋「山海料理　RAKUMI」を創業し、長年営業されていた方。息子さんに引き継がれたことを機に、ご自宅である同場所に2018年12月、立ち飲み居酒屋を開業。

ご主人のお料理は何を食べてもおいしく、丁寧さとひとり飲みへの優しさが伝わってきます。名物は「ますもり」。小さな升に入った刺身盛りで6～7種の日替わりのお刺身入り。食べすすめるのが楽しく、まるで宝箱のよう。そのほか、人気の「当店製 出汁巻き玉子」や「ピクルスとハムのカレー味スパサラ」、「いぶりがっこと鴨ロースのポテトサラダ」など、一品に様々な食材が使用されていることも多く、ひとり飲みでも色々と楽しめて満足感があり、お酒がすすむ。ふらりと寄りたくなる八丁堀のオアシスのようなお店。

宝箱のような
刺身ますもり
1

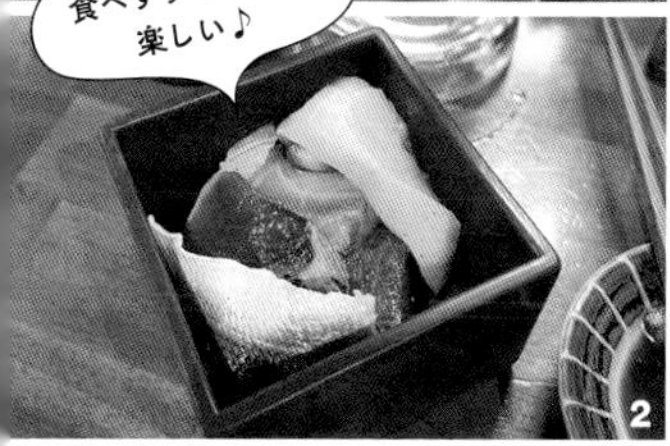
食べすすめるのが
楽しい♪
2

3

1・2.名物の「ますもり(418円)」3.優しい甘さの「出し汁巻き玉子(220円)」とピクルスの酸味がクセになる「ピクルスとハムのカレー味のスパサラ(275円)」。4.日替わりの浅漬けも必見！写真は「にんにくの芽浅漬け(220円)」。

お店から ひとこと

価格、料理のボリュームなど、ひとりで楽しむお客さまが多いお店なので、お気軽にお越しください。

純米
至

うまみとキレのある「至 純米酒」は、料理にぴったり合う！

住 東京都中央区入船1-2-4　☎ なし
営 お弁当11：00～13：00　夜16：30～22：00　休 土日祝

立ち飲み

ライブ感あふれる食券式立ち飲み

蒲田 なまけ 蒲田本店

鮮度よしの
刺身やにぎり、
ホルモン焼きまで
おいしい！

お品書き

- 酎ハイ　330円
  （ぽん酢、ガリ汁は無料）
- 人気 いわしたたき　330円
- 人気 ホルモン焼　330円
- 隠れ人気 絶倫エビ　440円
- 隠れ人気 島ずし　330円
- 隠れ人気 マザコンカレー
  （コブクロ入り）330円

ホルモン焼や羊、魚料理のハイブリッド型の立ち飲み

２０２２年７月、オープンするや否や瞬く間に人気店となった「なまけ 蒲田本店」。ホルモン焼や羊、いわしなどの魚料理の立ち飲み屋。

運営元は「みなと刺身専門店」と同じ「オリエンタルグループ」。魚介に強く、市場の競りに参加できる買参権を持ち、鮮魚をリーズナブルに提供。また、店名「なまけ」は「（なま）もの」と「（け）もの」、「儲けるよりも（なまけ）たい」など、複数の意味合いが込められている。

まずは券売機で予算分のチケット

魚を捌くライブ感にワクワク。

酎ハイ、ホルモン焼、絶倫エビ、島ずし。

1.お店の方やお客さん同士の距離が比較的近く、活気ある楽しい空間。**2.**1番人気の「いわしたたき」。いわし料理を余すことなく楽しめるのもうれしいポイント。**3.**子袋入りでコリコリ食感がやみつきになる「マザコンカレー」。

ぽん酢、ガリ汁は無料

まずは券売機でチケット購入！

を購入し、名前と料理名を記入⇓注文。オープンキッチンで板前さんが魚を捌《さば》いたり、鉄板でホルモンを炒めたりと、ライブ感が楽しく見ているだけでもつまみになる。

お酒は「チューハイ」が定番。ぽん酢やガリ汁で味変もできる♪ 料理は鮮度よしの「いわしたたき」やぷりぷりの「絶倫エビ」、下処理された食べやすくしっかり味の「ホルモン焼」、子袋入りでコリコリの「マザコンカレー」、そしてつまみ兼〆は「島ずし」。**刺身や握り、ホルモンや生ラムまで一度においしく堪能できる**気軽で楽しいハイブリッドなお店。

お店から ひとこと

この本を見て来店されるお客さま。「なまけ」を存分にお楽しみください。心よりお待ちしております。

住 東京都大田区西蒲田7-50-7　☎03-6424-4970
営 15：00〜22：00　土16：30〜21：00　休 火水

立ち飲み

いわし料理専門の立ち飲み

神田

かぶき 立ち呑み

お品書き

- 人気 得セット（お酒2杯、日替り小鉢、いわし料理一品） 1400円
- 酎ハイ 500円
- いわし料理 各400円
- 隠れ人気 自家製メンチカツ 500円

気軽にのんびりいわし三昧できる立ち飲み居酒屋

神田で45年以上続く、老舗いわし料理店「かぶき」。

同エリアで数店舗展開され、今回ご紹介する「かぶき 立ち飲み」は2019年3月に開店した立ち飲みの店舗。**気軽に本格的ないわし料理をつまみに一杯できます。**切り盛りするのは、その道25年以上の店長増山さん。厨房からはトントントンと小気味よい音が聞こえてくる。

まずは人気の「得セット」から！お酒2杯（おすすめ冷酒は除く）、日替り小鉢、いわし料理一品で

「得セット」のお酒2杯(芋焼酎ロック)、日替り小鉢、いわし料理一品(なめろう)。

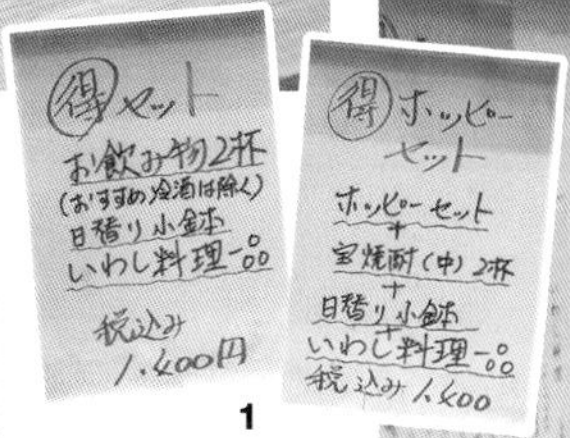

1

2

1.「ホッピー得セット」は3杯楽しめるのでホッピー派におすすめ。**2.**本格焼酎が豊富。「得セット」でも選べるのがうれしい♪

定員18名。気軽にひとり飲みできる空間。一部椅子もあり、早いもの勝ちで座り飲みもできる。

1400円のお得なセット。お酒は棚に並ぶ人気銘柄の本格焼酎からも選ぶことができ、ロックグラスに並々と注いでくださって、こりゃうれしい！　いわし料理一品は16種から選べて、「なめろう」、「刺身」、「わさび和え」が人気。何を食べてもおいしくお酒がすすみ、あっと言う間にほろ酔い♪

　また、自家製メンチカツや牛すじ煮込みなど、いわし料理以外が楽しめるのもうれしいポイントで常連さんに人気なのだそう。ひとりでのんびりおいしいお酒といわし料理を楽しむ。そんな気楽さが心地いいお店。

お店から ひとこと

新鮮ないわしをご用意しています。おひとりで飲みたい方や静かに飲みたい方、ぜひお気軽にお越しください。

住 東京都中央区日本橋本石町4-6-21 第3SPビル 1F　☎ 03-3246-3050
営 17：00〜23：30　休 日祝

立ち飲み

蒸し料理でおいしく楽しい一杯

池袋 岩瀬蒸店

注文を受けてから
せいろで
蒸してくれる

お客さん同士の距離が近い楽しい空間。

お品書き

- キンミヤ酎ハイ　390円
- 人気 鶏焼売　100円
- 人気 おすすめ鶏焼売　150円
- 人気 うな玉　320円
- 隠れ人気
  ズッキーニのカルパッチョ　320円
- 季節
  カマンベールの茶わん蒸し　420円

ハートランドと
鶏焼売だけでも
OK！

鶏焼売《とりシューマイ》など蒸し料理で一杯できる立ち飲み居酒屋

池袋の栄町通りにオープンして、瞬く間に人気店となった蒸し料理の立ち飲み屋。

カウンター越しに迎えてくれたのは店主のてっちゃん。以前はお母さまが同場所で酒場営業をされていて、後を継がれる形で２０２２年４月に立ち飲みへリニューアル。また、福岡の人気立ち飲み「岩瀬串店」ご出身で、店名には縁のある「岩瀬」と名づけられています。

せいろで蒸しあげる創作蒸し料理が魅力的。 １個１００円の名物「鶏焼売」やイタリアンなど変わり種の「おすすめ鶏焼売」、とろ~り濃厚な「カマンベールの茶わん蒸し」、素材のおいしさを生かした「ズッキーニのカルパッチョ」、蒲焼と出汁巻き玉子の「うな玉」など呑兵衛の心をつかむメニューが目白押し。さらに、一見さん、常連さんの分け隔てなく笑顔で接してくれるのがうれしい。距離が近いお店で、お客さん同士が自然と仲よくなる。ニューウェーブでありながら、昔ながらの立ち飲みのよさも感じるお店。

IWASE MUSHITEN
蒸したて鶏焼売100円・
おすすめ鶏焼売各150円

1.池袋の飲み屋横丁「栄町通り」。2.「鶏焼売」、「おすすめ鶏焼売(パクチー、イタリアン、明太子と大葉)」、「カマンベールの茶碗蒸し」。3.素材のおいしさを感じる「ズッキーニのカルパッチョ」。4.人気の「うな玉」。蒲焼と出汁巻きのハーモニー！

お店から ひとこと

おひとり様大歓迎です！明日の活力になるようなお店であるように努めています。お気軽にお越しください！

住 東京都豊島区東池袋1-13-12　☎ 03-4400-5726
営 15：00~23：00　休 不定休
※インスタグラムにその月の休みが記載されています

立ち飲み

ヴェネチア旅行気分で立ち飲み

新宿三丁目 IL Bacaro（イル・バーカロ）

1.ヴェネチア風おつまみ130円〜。
2.日本でここにしかない良質なワインが楽しめます。

駅直結！イタリア・ヴェネチア版の立ち飲み居酒屋

イタリア・ヴェネチア版の立ち飲み居酒屋「バーカロ」。そんなバーカロを再現したお店が新宿三丁目の「イル・バーカロ」。**イタリア人も感激する驚きの再現度で、気軽に一杯できるんです。**

扉を開けると、「Ｃｉａｏ！」と明るい掛け声。開店は２０００年6月。運営はイタリア料理専門会社「(株)ミキインターナショナル」でオーナーがヴェネチアへ行った際にバーカロを日本で再現したいとはじめたお店。現地の方に協力してもらい

全部で1450円！グラスワイン オンブラ、人気のヴェネチア風おつまみ4種、切り立て生ハム、パン。

本場と同じ空間を再現し、お料理も現地で修業したシェフが本場そのままの味を提供。立ち飲みはグラスワイン２８０円〜、ショーケースには１００円台〜２００円台のヴェネチア風おつまみがずらり。人気は「切り立て生ハム」や牛肉１００％の「ミートコロッケ」、干し鱈の前菜「バッカラ マンテカート」など。シェフによって味が変わる「ブロッコリー」も必見。さらに、ワインは自社輸入されていて、日本でここにしかない良質なワインが楽しめる。安くおいしく気軽にヴェネチア旅行気分が味わえる素敵なお店。

お店から ひとこと

床から天井まで本場イタリアで造ったリアル空間です。気軽に立ち寄れる楽しい雰囲気でお待ちしております。

住 東京都新宿区新宿3-4-8 京王フレンテ新宿3丁目 B2　☎03-5269-8528
営 平日昼11：30〜15：00(L.O. 14：30)　夜17：30〜23：00(L.O.21：30)
休日11：30〜23：00(L.O.21：30)　休 月

小澤酒造 清流ガーデン

澤乃井園散策

自然豊かな東京の奥多摩にある澤乃井園は多摩川のほとりにある庭園です。
日本酒の澤乃井もしっかり堪能できる呑兵衛にうれしい絶景スポットです。

お酒の売店で日本酒瓶を購入して、庭園内で呑むこともできる。

多摩川のほとりで癒しの昼酒

「新宿駅」から電車に揺られること約1時間半。やってきたのは、東京都青梅市の「沢井駅」。駅から徒歩5分程の場所に、精神疲労が溜まったときに訪れている癒しスポットがあります。

その名も「澤乃井（小澤酒造）」。

江戸時代から続く、自然に囲まれた酒造会社で、酒蔵見学（予約優先）はもちろん、多摩川のほとりには「澤乃井園」が広がっていて、利き酒が楽しめたり、川沿いの庭園や食事処でお酒・料理を味わえたりします。自然散策もできる呑兵衛にとってオアシスのようなスポットなのです。

お昼頃に到着して、まずは口開けと腹ごしらえをしようと「澤乃井園」の「売店コーナー」へ。売店には、澤乃井のお酒の他、自家製豆腐料理、枝豆、もつ煮などおつまみも販売されていて、庭園内で気軽に一杯できます。

お酒とおつまみを調達したら、多摩川や庭園が望めるログハウスのような「東屋《あずまや》」へ。席を確保したら早速、「本醸造生原酒（750円／300㎖）」をカップに注いでクイっと。生タンクから直詰めされていて、フレッシュで旨みが広がってうまい。お供は澤乃井直営料亭「ままごと屋」の「冷奴（400円）」。名水で作られた自家製豆腐は、ずっしり濃密&まろやかで素朴なおいしさ。そして、生原酒とも抜群に合うのです。

川のせせらぎやお寺から響く鐘の音に耳をすませながら、ぼーっと呑むのが心地いい。自然に囲まれた最高ロケーションでの一杯は格別。

きき酒処で澤乃井のお酒を堪能

　続いては「きき酒処」へ。常時10種程のきき酒ができ、様々なお酒と出会えます。価格は1杯(70㎖程)200〜500円で、おかわりは100円引き。オリジナルの「きき猪口」付きなのがうれしい。

　今回きき酒したのは、純米・生酒の夏酒「さわ音」、手土産に人気の生酛純米吟醸「東京蔵人」、1番人気の「澤乃井 純米 大辛口」、1杯500円の「大吟醸 凰《こう》」の4種。

　中でも心を掴まれたのは「大吟醸 凰《こう》」。特Aの山田錦を35%まで磨き上げ、杜氏と蔵人が最高の技術で造り上げたお酒。爽やかな香りと上品な甘みと旨み、そしてスーッと消えていく後味。スイスイ飲めてしまい、瞬く間に空っぽ。王者の風格を感じる別格の味わいでした。

　そうそう、お酒と一緒にやわらぎ水も忘れちゃいけない。しかも、仕込み水が使用されていて、おかわりしたくなるおいしさなのです。

　日が暮れて帰ろうと電車の時刻表を見ると、少し時間がある。ということで「CAFE雫」でひと休み。美しい景色が望めて、「澤乃井」の仕込み水で淹れた珈琲や「ままごと屋」の豆乳を使用したメニューなど、澤乃井ならではのよさが詰まったカフェ。濃厚な味わいの豆乳ラテを飲みながら、テラス席で過ごす時間が最高です。

　あっという間に電車の時間。急いで駅へ向かうと、心臓破りの坂が待ち構えていた。ほろ酔い状態だとこれが結構しんどい…。そんな一連の流れも楽しい思い出の「澤乃井」なのでした。

ほかにも楽しめるスポット

自然散策＆ハイキング

庭園内には「北原白秋」の歌碑や「青年の像」、橋の先には天井絵が見事で鐘をつける「寒山寺」もあり、散策が楽しい。

小澤酒造株式会社

住 東京都青梅市沢井2-770
☎ 0428-78-8215
営 10：00～17：00
休 月曜日（祝日の場合は火曜日）年末年始

酒蔵見学

酒蔵見学は予約優先で参加無料。澤乃井のお酒が出来るまでの工程や蔵に関するお話を聞くことができる。

カフェ雫

景色最高～！濃厚な豆乳ラテがおいしい！

御岳渓谷の景色が望めるカフェ。「澤乃井」の仕込水使用の珈琲や「ままごと屋」の豆乳使用の「豆乳ラテ」が楽しめる。

お土産

売店にはお土産もずらり。「手作りまんじゅう」や「ままごと屋の豆腐」、「酒粕スイーツ」など。

立ち飲み

手作りナポリピッツァで立ち飲み

蒲田 ピザランド

お品書き

- 酎ハイ　330円
- メガ角ハイ　660円
- 選べる本日のお通し　220円
- 日替わりカルパッチョ　440円～
- 日替わりアヒージョ　440円
- 自家製ラムレーズンバター　390円
- 人気 マルゲリータピザ490円
- 隠れ人気 ガーリック磯のりピザ　590円

日替わりカルパッチョ、ガーリック磯のりピザ、日替わりアヒージョ、自家製ラムレーズンバター。

ピザやカルパッチョがおいしい！人気の立ち飲みバル

手作りピザで一杯できる人気の立ち飲みバル。開店は２０１２年６月。運営元はおなじく蒲田の立ち飲み「レバーランド」や「にこまる」と同じ「K&G」。カウンター越しに明るく声を掛けてくれたのは店長の齋藤さん。以前は「レバーランド」に立たれていた方です。

こだわりのピザ３９０円～は４種類の粉をブレンドして練り上げ、注文を受けてから生地を伸ばし、高温のピザ窯でサッと焼き上げる。生地は薄く耳はふっくらもちもちでひと

「ここでの時間を楽しんで欲しい」と店長の齋藤さん。気軽で楽しい雰囲気のお店♪

1.目の前で焼き上げる手作りピザ。**2.**魚までおいしい！日替わりカルパッチョは必見。**3.**隠し味はアンチョビの日替わりの「温玉としらすのアヒージョ」。これさえあれば無限に呑める。

りでもペロっと食べられるサイズ。味のバリエーションは20種程で、中でも人気は「マルゲリータ」、「濃厚モッツァレラマルゲリータ」、「ガーリックアンチョビ」。

また、ピザだけでなく、選べる「本日のお通し」、お酒がすすむ「日替わりアヒージョ」、「アンチョビキャベツ」、自家製「ラムレーズンバター」、「レモンチェロ」など魅力的なメニューが目白押し！　おまけに魚までおいしくて「日替わりカルパッチョ」も必須。様々なおいしいお料理、ちょうどいい距離感で気軽に一杯できるお店。

お店から ひとこと

ワンコインからピザが楽しめます!! 日本ワインなどもぜひご賞味ください。ご来店心よりお待ちしております。

住 東京都大田区西蒲田7-63-1　☎ 03-5714-5448
営 17：00〜24：30（F.L.O.23：30 D.L.O.24：00）　休 月火

居酒屋

1本90円！鮮度よしのやきとん

池袋 やきとん みつぼ

安くておいしい呑兵衛に
愛されるやきとん酒場

朝引きのつぶしたて「やきとん」が人気。平成元年に3坪5席のお店からスタートしたことから屋号は「みつぼ」。「いいものを、納得できる価格で」という心意気は令和になった今でも変わらない。

炭火焼き「やきとん」は1本90円均一。香ばしく焼き上げられ、鮮度がよくおいしい。部位は16種あり、定番をはじめ「キク（腸周り）」や「トロカシラ（頭部）」、「ピートロ（ネック）」など珍しい部位も楽しめる。

また、手作りのおつまみも豊富で

酎ハイ、生ゆで刺(ガツポン、ハツ、レバ)、レバカツ、キク、レバ、カシラ。

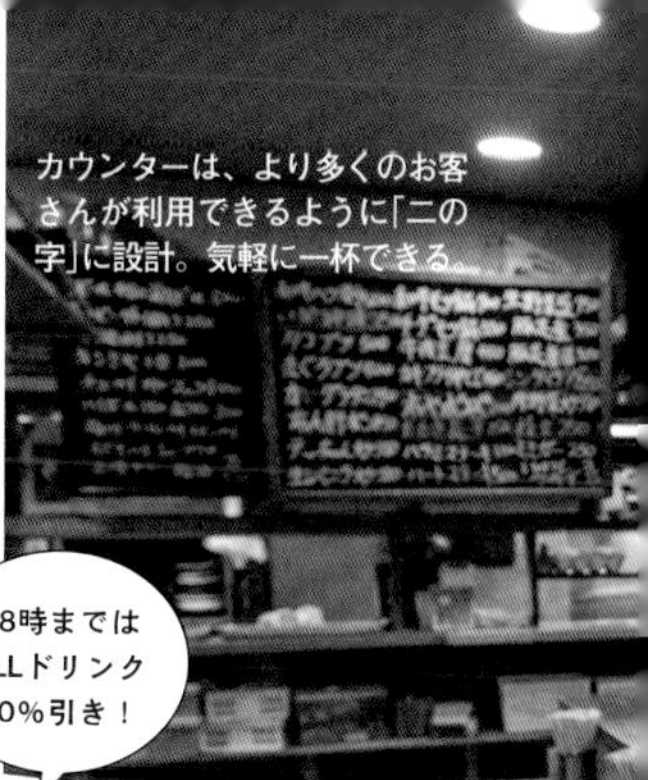

カウンターは、より多くのお客さんが利用できるように「二の字」に設計。気軽に一杯できる。

18時まではALLドリンク20%引き！

レバカツ150円大好き～♪

1.隠れ人気の「カレーグラタン」。ピリ辛でお酒がすすむ！ 2.「ホッピー外」と「金宮焼酎(正一合)」の組み合わせがおすすめ。 3.毎回注文する「レバカツ」。揚げたて&厚切りでうまい！

店先で立ち飲みもできる

おいしい。鮮度よしの「生ゆで刺」、厚切りの「レバカツ」、食べるのに夢中になる「豚足唐揚」、ピリ辛で香ばしい「カレーグラタン」などお酒がすすむものばかり。

さらにお酒は濃いめで提供されていて、あっという間にほろ酔い。中でも「ホッピー外」と「金宮焼酎(正一合)」の組み合わせがたっぷり呑めてお気に入り。

二の字カウンターは今日も明るいうちからひとり飲みのお客さんでいっぱい！ **安くておいしくてお酒がガツンと濃い！** 三拍子揃った呑兵衛にうれしいお店です。

お店から ひとこと

自分の予算内で楽しくお酒と料理を味わってください。広さに限りがありますので、長居はご遠慮ください。

住 東京都豊島区南池袋2-16-1 長岡ビル1F ☎ 03-3988-1396
営 15：30～23：30 休 日祝

居酒屋

まるで銭湯のように温まる酒場

上板橋　須賀乃湯

番台席（通称）

温かくアットホームな雰囲気で気楽にのんびりひとり飲みできる。常連さんもお優しい。

お品書き

- 酎ハイ　410円
- ホッピーセット　550円（中おかわり270円）
- 人気 もつ煮込み　490円
- 人気 やきとん　各種140円～
- 人気 コーンのかき揚げ　410円
- 隠れ人気 自家製ポテサラ　330円
- 席料　110円

※ご来店時はお早めのご予約がおすすめです。予約方法はインスタグラムをご覧ください。 @taisyusakabasuganoyu

全部おいしい！ 呑兵衛に愛されるやきとん大衆酒場

東武東上線の上板橋に、定期的に行きたくなる酒場がある。その名もやきとん大衆酒場「須賀乃湯」。創業は2016年3月。お店は上村さんご夫婦が切り盛りされていて、ご主人は大山の大衆酒場「鏑屋《かぶらや》」ご出身の方。店名はご実家が営んでいた銭湯の屋号を引き継ぎ「須賀乃湯」。店内には銭湯をイメージした富士山も描かれている。

まず、奥さまが明るく接してくださり癒される。そして名物のやきとんは煮込みから日替わりまで、ご主人の作るお料理は何を食べてもおいしく魅力的！ また、**串焼きは1本から、お料理によってはハーフサイズも可能で、ひとり飲みに優しい。**必ず食べるパリッと濃厚な「シロタレ」、人気の「煮込み」や「自家製ポテサラ」、「コーンのかき揚げ」、日替わりの「お刺身」。

手頃な価格はもちろん、ご主人のお料理と奥さまの接客に温まる銭湯のような酒場。居心地がよく、一杯じゃ帰れません。もっとこの空間に浸かっていたくなる。

串焼きは1種1本～注文できる
必ず食べるシロタレ

1.大好きな「シロタレ」。パリっと香ばしく濃厚でお酒が止まらない。**2.**ひとり飲みだとハーフサイズにしてくれたりするのもうれしい♪**3.**鮮度よしの日替わりの「お刺身」は必見。**4.**銭湯をイメージした富士山。美大ご出身の方に描いてもらったそう。

日替わりの「季節のおひたしまたはお新香」は箸休めに最適

お店から ひとこと

安心してひとり飲みができます。気持ちも胃袋も明るくなって帰っていただけるお店を目指しています。

(わ)板＝沸いた(開店)

(ぬ)板＝抜いた(閉店)

住 東京都板橋区上板橋1-20-3 営 火～土17：00～23：00(最終入店22：00) 日17：00～22：00(最終入店21：00) 休 月 ※不定休もあり

居酒屋

鮮度よしの絶品レバーに舌鼓！

成増 やきとん 泰希

レバー塩が好き。鮮度抜群で甘みとコクが広がっておいしい！

2

1

3

1.距離感がちょうどよく、居心地よくひとり飲みできる。**2.**他にもおいしい料理が盛りだくさん。お刺身など日替わりメニューも。**3.**「タコさんウインナー（220円）」を注文したらカニさんが！当たりだった模様♪

偶然が重なって開店した 奇跡のようなやきとん酒場

レバーが食べたくなると浮かぶのが成増「泰希（たいき）」。1本70円〜の気軽なやきとん酒場。

切り盛りするのは、元々同じやきとん酒場で勤務されていたナイスコンビの田中さんと西川さん。一度別々の職場になったものの再会を果たし、勤務先の閉店から一緒に独立を考えるようになったそう。そんなとき、同場所で偶然「空き物件」の貼紙を見つけたことから2020年12月に開業。店名はお二人のお子さんのお名前を一文字ずつ取って命名。

大好きな組み合わせ！ 宝焼酎ホッピー、レバー串、タコさんウインナー、にんにく香るミックスホルモン炒め。

お品書き

- 酎ハイ　380円
- ホッピーセット 450円（中250円）
- 人気 レバー串　80円
- 隠れ人気 タコさんウインナー 220円
- ミックスホルモン炒め 580円
- 席料　100円

「子どもの名前をつけた店をつぶす訳にはいかない」という気合が込められています。

茨城から独自ルートで仕入れるホルモン＝やきとんは、鮮度よく、焼き加減も絶妙。中でもダントツ人気のレバーは絶品！ 80円とは思えぬおいしさで、レバーが苦手だったお客さんが「このお店だったらおいしく食べられる」と太鼓判を押す。

切り盛りするお二人が「近所にあったらいいなと思う店」を体現されていて、ちょうどいい距離感で居心地よく過ごせる。一見さんから常連さんまで呑兵衛の心をつかむお店。

お店から ひとこと

初めは入りづらいかもしれませんが、ひとり飲みの方も多いので、扉を開けて声を掛けてください。

住 東京都練馬区旭町3-11-22　☎ 03-6784-8965
営 平日15：00～22：30　休日13：00～22：30　休 木　※月に一度、水木休みあり

居酒屋

三冷ホッピーとシロタレで至福

町屋 もつ焼 たつや 町屋店

お気に入りの組合せ！三冷ホッピー、ポテサラハーフ、煮込み、シロタレ、シロ酢。

お品書き

- 酎ハイ 430円
- 三冷ホッピー 550円
- もつ焼き各 150円〜
- 人気 シロ
- 人気 ポテサラハーフ 280円
- 人気 煮込 500円
- 隠れ人気 皿なんこつ 550円
- 席料　100円

入りやすく気軽に
一杯できるもつ焼き酒場

ふと、「あそこのシロタレが食べたいなぁ」と思い出す、もつ焼き酒場がある。その名も「もつ焼　たつや」。田端創業の「亀戸ホルモン」ご出身の方のお店で、今回ご紹介するのは2015年開店の店長 小森さんが切り盛りする「町屋店」。気軽にひとり飲みしやすいんです。

まずは「三冷ホッピー」から。くぅ〜キンキンでおいしい！ 氷なしでガツンと濃いから瞬く間にほろ酔い♪それもそのはずシャリキン（凍らせた金宮焼酎）たっぷりで、その量

カウンターは10席と広々、入りやすく気軽にひとり飲みしやすい雰囲気。

人気のポテサラはハーフサイズも♪

1.炭火焼きで、絶妙な焼き加減で提供。**2.**「酎ハイ」は、シャリキンで梅シロップ入り。シュワっと爽やか！ **3.**人気の「ポテサラ」は、ほんのりカレー味でハーフにもできる。香ばしいバケットつき。

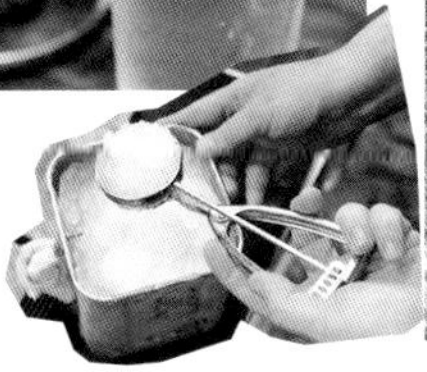

酎ハイやホッピーはシャリキンたっぷり♪

はなんと１００㎖程だという。
もつ焼きや一品メニューはどれもおいしく魅力的。必ず食べるのは「シロタレ」。こちらのシロ＝テッポウは、やわらかく、タレは濃厚でうま味が凝縮。下処理をされているから食べやすいし、やみつきになるおいしさ。また、「シロ酢」で食べるのもお気に入り。続いて外せないのが「煮込」。味噌を独自ブレンド&6時間煮込んだ逸品で、具には数種のもつ、筍、こんにゃくなど。食感が楽しく、コク深い味わい。**何を食べてもおいしく、お酒が濃い！** のんびり居心地よく飲めるお店です。

お店から ひとこと

なるべく入りやすい雰囲気を心掛けて営業しておりますので、いつでもお気軽にお越しください。

住 東京都荒川区町屋2-16-2 ☎ 090-4399-2929
営 火〜金17：00〜23：00 土16：00〜23：00 日16：00〜22：30 休 月

ひとり飲み初心者に おすすめの酒場

ひとり飲みにまだ慣れていない…。そんな初心者さんも
気負わず入りやすい、明るく温かく楽しい酒場を紹介します。

COLUMN 3

まずはカウンターで注文

1

2

1.ヘルシー＆やわらかでおいしい蒸し鶏(390円)。2.日替りのガスエビ唐揚げ(390円)とガツねぎおろしぽん酢(350円)。お酒がすすむ〜！

現金かPayPayの
キャッシュオン
3つで100円の
タコさんウインナー

大塚 立ち飲み居酒屋 ドラム缶 大塚店

目配りや心配りが素敵なセルフ立ち飲み

千円を握りしめて一杯できる立ち飲み「ドラム缶」。そんなドラム缶で1番お邪魔しているのが「ドラム缶 大塚店」。システムはカウンターで注文→支払い→受取りのキャッシュオン。ご夫婦で切り盛りされていて、注文は奥様が担当され、ときどき声を掛けてくださって和みます。料理はご主人が担当され、定番メニューの他、旬や珍しい料理も並んでいてワクワク♪

酎ハイ220円・つまみ100円〜と、せんべろ価格でおいしい。そして、自分のペースで気軽に楽しめて、お二人の目配りや心配りが素敵なお店。

㊟東京都豊島区南大塚3-38-8 山上ビル 1F ☎03-6384-4565
㊔月〜土17:00〜23:00(L.O.22：15) ㊡日曜日 Twitter情報参照願います。Twitter @drumkanotk

パーフェクト
黒ラベルが楽しめる

大塚

大塚バル LOCAL

気軽でおいしい イタリアン居酒屋

終日提供の「せんべろセット」があり、対象から選べるお酒2杯・つまみ1品で千円！ 自家製料理はどれもおいしく、一押しはお酒がすすむ「牛すじの赤ワイントマト煮込み」や「タコライスのあたま」。カウンター席もあり、気軽に居心地よく飲めます。

1.人気の牛すじの赤ワイントマト煮込み(650円)もおいしい。**2.**せんべろセットで選べる生ハムがめちゃウマ！脂がとろける～。

住 東京都豊島区北大塚2-5-5 アズエスペランサ 1F ☎03-6903-6580
営 月～金ディナー17:00～23:30(L.O.23:00)土・祝ディナー16:00～23:30 (L.O.23:00)
休 日曜日(臨時休業有)Twitter情報参照願います。 Twitter @ootsukabarlocal

新橋

和酒Pub 庫裏

和酒が豊富な お酒好きのオアシス

新橋駅前ビルの和酒が豊富な立ち飲み。セルフ式のキャッシュオンで、日本酒は30種程あり45mL150円～、酒肴は100円メニューがずらり。自分のペースで気軽に一杯できて、好みのおいしいお酒と出会える。一緒に和らぎ水も忘れずに（セルフで飲み放題）。

1.芋焼酎(400円)・氷(100円)・かき味噌(200円)。いつもこちらでは芋焼酎(焼酎は10種程で80mL400円～)を楽しんでます。**2.**駅直結で楽々＆入りやすい♪

目新しい銘柄にワクワク。

住 東京都港区新橋2-20-15 新橋駅前ビル 1号館 B1F ☎070-7471-1522
営 15:00～24:00(L.O.23:30) 休 日曜日(年末年始、夏季休業あり)

京急蒲田

にこまる三代目

お通しの概念が変わる安ウマ立ち飲み

駅直結ビルの立ち飲み。酎ハイ330円・つまみ100円～で、もつ焼きや鉄板焼き、お刺身などが楽しめてどれもおいしい！　特筆すべきは〝本日のお通し〟（220円）。10種の小皿料理からアレコレ注文できて魅力的。カウンターメインで気軽に楽しく一杯できます。

1.人気のハラミポン酢串（150円）はやわらかくてジューシー。**2.**ある日の本日のお通し 海鮮カルパッチョ（220円）。**3.**入りやすく広々とした空間。

住 東京都大田区蒲田4-10-14 あすとウイズ 3F　☎03-6715-8873
営 16:00～24:00　休 年中無休

蒲田

立呑み 魚椿 蒲田店

創作天ぷらにときめく明るい立ち飲み

名古屋発の立ち飲み居酒屋（2階は座り）で、天ぷらや鮮魚で気軽においしい一杯が楽しめる。特に天ぷらが豊富&魅力的で「蟹味噌バター天」や「うどん天」など個性的メニューも。また、お店の方が明るく元気で、ここで飲むと晴れやかな気分になれます。

1.お気に入りの蟹味噌バター天（231円）は。ふわふわ濃厚でバターの香りがしておいしい。**2.**蒲田駅西口から目と鼻の先。日本酒328円・天ぷら88円～。

住 東京都大田区西蒲田7丁目28-5　中島ビル1F　☎03-3739-5194
営 15:00 ～ 24:00　休 年中無休

上野

街かど酒場さんたろう 上野店

立ち飲みはサッポロラガー大瓶410円♪

1.生パスタの塩こんぶナポリタン(605円)。つまみにも〆にもなる。2.お気に入りのラムの生ハム(429円)。旨み凝縮でやみつきになる味わい。

立ち飲みがお得！パスタでおいしい一杯

都内を中心に店舗を構える「大衆酒場 ほていちゃん」の弟分。「ビーフシチュー」や「ステーキ」、「パスタ」などここだけの洋風メニューがずらり。立ちと座りがあり、立ち飲みは会計から5％OFFとお得。自分のペースで気軽においしい一杯が楽しめます。

住 東京都台東区上野7-3-9 アルベルゴ上野 1F ☎03-5830-7120
営 月～金16:00～23:00 土・日・祝14:00～23:00 休 年中無休

渋谷

大衆スタンド神田屋 渋谷センター街店

昼酒やせんべろが楽しめる大衆スタンド

天狗で知られるテンアライドの大衆スタンド。酎ハイ209円・豊富な料理は100円台～と気軽に一杯できる。また、店舗によっては立ち飲みや昼飲み、最大10品のせんべろセットが楽しめるなど、幅広いシーンで楽しめる呑兵衛の味方的お店です。

立ち飲み限定のお得すぎるせんべろ
せんべろセット!!
=1000円

1.お酒がすすむ砂肝刺し(352円)・青唐辛子の玉子炒め(352円)。2.渋谷センター街店は、立ち飲みも座り飲みも楽しめる99席の広々とした店舗。

住 東京都渋谷区宇田川町25-3 プリンスビル B1F ☎03-3496-7397
営 月～金14：00～23：00 土・日・祝12：00～23：00 休 12月31日/1月1日

居酒屋

サバと青森料理と限界ホッピー

南千住 ごっつり 南千住店

お品書き

- 酎ハイ　350円
- ホッピーセット　450円（中おかわり220円）
- 選べる本日のお通し　220円
- 人気 八戸前沖鯖焼きサバ・トロロ　500円
- 人気 八戸前沖鯖 サバ串焼き　450円
- 隠れ人気南部せんべい磯辺揚げ　430円

八戸前沖サバともつ焼きが楽しめる青森料理の居酒屋

青森の味が楽しめる居酒屋「ごっつり」。数店舗あり、今回ご紹介する「南千住店」は駅前に2011年開店の八戸前沖サバや青森料理、もつ焼きなどで一杯できる大衆居酒屋。飲み歩きがお好きなギター弾きの店長浅井さんが切り盛りする**呑兵衛ならではのこだわりがたっぷり詰まったお店です。**

まず、お通しは日替わりで3種から選べる！「本日の100円刺身」というワクワクの激安メニューもあり、とりあえずのおつまみに最適。

カウンターにはおひとり様
サービスメニューも
あります！

のんびり落ちついて飲めるカウンター席。

ホッピーセット、本日のお通しの牛すじ塩煮込み、本日の100円刺身(2人前)、焼きサバ・トロロ、サバ串焼き。

1.選べる「本日のお通し」はどれも魅力的で全部注文したくなる。**2.**「南部せんべい磯辺揚げ」はやみつきになるおいしさ。**3.**青森地酒も豊富。銘柄を3種選び少量ずつ楽しめる「利き酒セット」も。

青森直送の厳選食材を使用したお料理は、定番から旬のものまでずらりと揃いリーズナブル。中でも必ず食べるのは「焼きサバ・トロロ」。たっぷりの焼きサバとおだしのきいたトロロ、ピリっと山葵《わさび》でホッピーがすすむ〜！ そんなホッピーの外1本で中（焼酎）4杯は飲める程の驚きの濃さ♪ さらに、カウンター席には御ひとり様限定メニューもあり、ひとり飲みに優しい。

　おいしくのんびり飲める〝ごっつり（※）〟なお店。おまけに昼飲みもできるって最高でしょ！

お店から ひとこと

私(店長)がひとり飲み大好き。なので、納得できる価格、味、量をみなさまへ提供させていただいております。

ごっつり 南千住店

住 東京都荒川区南千住7-29-2　☎ 03-6806-8343　営 11：30〜23：00　休 なし

※ごっつりとは青森県南部地方の方言でニンマリした表情を意味するそうです。

元祖ぽん酢サワーと絶品串かつ

幡ヶ谷 串かつ 名代

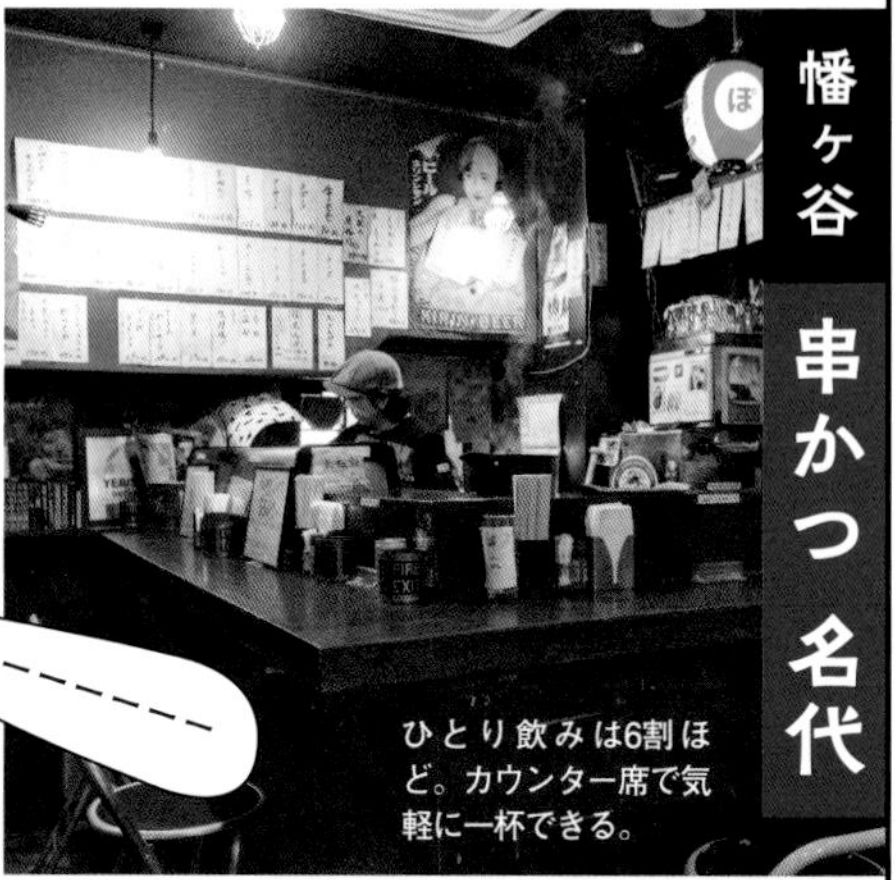

ひとり飲みは6割ほど。カウンター席で気軽に一杯できる。

ほろほろの豚バラ軟骨入りの塩煮込みもおすすめ。

お品書き

- ぽん酢サワー　390円
- お通しのキャベツ　無料
- 串かつ　1本90円〜
- 大根唐揚げ　390円
- 隠れ人気シーポン　390円

「ぽん酢サワー発祥の串かつ屋があるんですよ」

そんなひとことがキッカケで縄のれんをくぐった串かつ居酒屋。すると、おいしい！ サクっと軽い口当たりで何本でも食べられる。まさか**東京でこんな串かつと出会えるとは夢にも思っていなかった。**

大阪にある老舗串かつ屋の暖簾分けとして2010年に開業した「串かつ 名代」。「本当においしい串かつを食べて欲しい」と、ご主人の相田さん。改良を重ねてたどり着いた秘伝の油、素材の味を引き出す衣、きめ細かさと絶妙な薄さにこだわった、独自のブレンドソース。そのお話からこだわりと情熱が伝わってきて、おいしさの理由がよくわかった。

また、酎ハイにミツカンぽん酢を入れたぽん酢サワー発祥のお店でもあり、爽やかなぽん酢サワーと串かつの相性が抜群！ つい飲みすぎてしまう。

ひとり飲みもしやすい丁度いい距離感、毎日通える気軽な価格、串かつだけでなく何を食べてもおいしいお料理、魅力の詰まったお店です。

1.串かつで特に好きなのが蓮根(塩)。サクッとほくほくで甘みが広がる！ **2.**元祖大根の唐揚げ。カリッジュワ〜でお酒がすすむ。 **3.**お得なハッピーセット550円。 **4.**インベーダーゲームができる。

お店から ひとこと

間口は狭いですが、ぜひお越しください。くつろげる空間とおいしいお料理をご用意してお待ちしております。

ぽん酢サワー
発祥のお店！
ぽん酢サワー×
シークヮーサーの
シーポンも
おすすめ。

住 東京都渋谷区幡ヶ谷2-13-4 1F　☎ 03-3370-7452
営 15：00〜22：00　休 木日

お品書き

- ホッピーセット　380円
  (中おかわり200円)
- 天ぷら140円〜
- 名物 もつカレー　360円
- 選べるおつまみセット
  3品　550円
- 座りでお通し　席料なし

居酒屋

揚げたて天ぷらで至福の一杯

三鷹　すーさんち

「天ぷらで飲みたい！
そうだ、すーさんちへ行こう」

天ぷらで飲みたいときに頭に浮かぶのが三鷹の「すーさんち」。**酎ハイ270円、揚げたて天ぷら140円〜**という価格で気軽に一杯できる呑兵衛に愛される天ぷら酒場。創業は2016年6月。ご主人の鈴木さんは串揚げの立ち飲み居酒屋ご出身で、当時東京ではあまりなかった天ぷらをメインとした同店を開業。

目の前で揚げる天ぷらは定番からオリーブなどの変わり種まで。素材のおいしさを引立てるサクサクの薄衣で軽く、いくらでも食べられる。

カウンター席がメインなのでひとり飲みしやすい。

揚げたて天ぷらとホッピー最高！人気はなす。オリーブ、ブロッコリー、とうふなどもよく注文されるそう。

1.「選べるおつまみセット」の大葉と塩昆布のポテトサラダ、豚のど軟骨唐揚げ、酢もつ。**2.**お酒がすすむこと間違いなしの名物「もつカレー」。**3.**ご主人おすすめの萩錦酒造「南アルプス」。

呑兵衛の心をつかむおつまみも豊富！ 名物「もつカレー」はもつたっぷり＆ピリ辛でお酒がすすむし、「選べるおつまみセット」は小皿サイズでひとり飲みに最適。種類豊富で中でも人気は、カリカリ食感がやみつきの「豚のど軟骨唐揚げ」。

東京では珍しい静岡「萩錦酒造」のお酒が楽しめるのも魅力。奥さまのご友人のご実家から数種を提供。ご主人おすすめの「南アルプス」はすっきり淡麗な飲み口でスイスイいけてしまいおかわりしたくなる。

入ったらその気軽さに安堵し、のんびりとした時間が過ごせるお店。

お店から ひとこと

自宅でも職場でもない、ひと息つける場所をご用意してお待ちしております。お気軽にお越しください。

住 東京都三鷹市下連雀3-19-16 岡竹荘　☎0422-46-2580
営 平日昼11：30〜14：00　夜15：00〜23：00　土祝14：00〜23：00　休 日

居酒屋

旬の小皿料理にときめく

扉を開けるとのんびり呑める楽しいアットホーム空間。

本格的なスパイスカレーも楽しめる

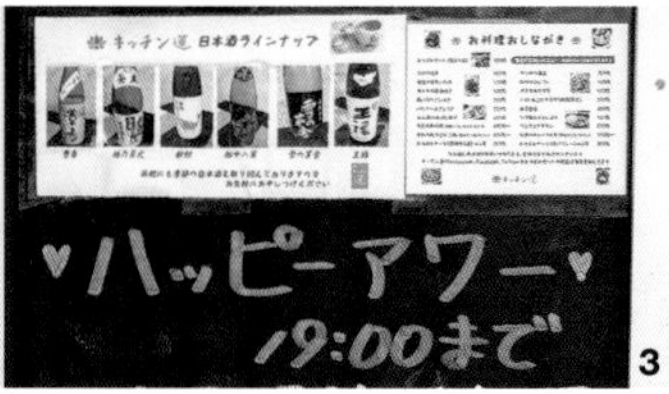

1.つまみいらず!? ハマグリエキス入りトマトジュース使用の「蓮トマハイ」。**2.**スパイスカレーが楽しめるのも魅力！ ライスなしでつまみにするもよし。**3.**17〜19時はお得に飲めるハッピーアワー。

西新宿 キッチン 蓮

おいしいお酒とお料理で ひと息つける家庭料理居酒屋

西新宿に佇む家庭料理居酒屋。カウンター席が中心のアットホームな空間でひと息つける。

お店は女性店主の吉浦さんがお一人で切り盛りされていて、元々お料理を作ることやお酒がお好きだったことから2019年12月に開業。お母さまが同名のお店をされていたことが店名の由来なのだそうです。「まず胃を温めて欲しい」とスープなどの「お通し」を出してくださるのがうれしい。

名物はほとんどのお客さまが注文

大好きな組合せ！ツブ貝のオイル漬けとおつまみセットさえあれば、ハイボールが何杯でも呑める。

噛むほどに旨みが広がる
つぶ貝のオイル漬け

お品書き

- 緑茶ハイ／ウーロンハイ　350円
  ※17時〜19時ハッピーアワー300円
- 人気　おつまみセット（日替り4品）　980円
- 人気　本日のカレーライス　800円〜
- 隠れ人気　ツブ貝のオイル漬け　700円
- お通し　300円

する日替わりの「おつまみセット」。田舎の味を思い出す、季節を感じる家庭料理をひとりでも楽しんで欲しいと、旬の小皿料理を4品提供。野菜からお肉料理まで、おいしくお酒がすすむ大満足のセットです。

また、〆には各国の本格的な「本日のスパイスカレー」や「旬の炊き込みご飯」が楽しめるのも魅力。カレーか炊き込みご飯かどちらを注文するかが悩ましいところですが、カレーはライスなしも可能なのでつまみにするのもＯＫ！

さらに**19時まではハッピーアワー**で1杯３００円からとお得です♪

お店から ひとこと

体に優しい季節の野菜料理を小皿で提供しています。色々なおひとり様が思い思いに楽しまれているお店です。

住 東京都新宿区西新宿7-12-23 松沢ビル 2F　☎03-6908-9779
営17：00〜23：00　休日祝

居酒屋

酎ハイ180円の手打ちそば居酒屋

赤羽 TORIKAGO 赤羽南口店

お品書き

- 酎ハイ　180円
- あて盛り合わせ　（お好み3品）880円
- トリュフ香る出し巻き玉子　600円
- ミニざるそば　500円
- 鶏出汁ごはんの焼きおにぎり200円
- 座りでお通し　席料なし

北海道産のそば粉を使用し、毎朝手打ちされているおそば。コシがあって喉ごしよくおいしい！

あて盛り合わせの
鴨わさが
お気に入り

のどごしよく
おいしい！

昼飲み歓迎・居心地よし！ 鶏料理と手打ちそばの居酒屋

「赤羽に昼飲みできる酎ハイ180円の手打ちそば居酒屋があるんですよ」。そんな夢のようなお店が赤羽に!? とお邪魔したのがこのお店。

オープンは2016年3月。**名物の鶏パイタン鍋など鶏料理や手打ちそばが楽しめる居酒屋**で、日本酒がお好きな店長太田さんとイタリアンご出身の料理長清水さんの二人三脚で切り盛りされています。

終日酎ハイ180円、1ℓメガ酎ハイ500円という呑兵衛歓喜のサービス価格。そして、迷ってしまう程に豊富な清水さんの創作料理がおいしい！ 様々な料理を小皿で楽しめる「あて盛り合わせ」、うまみが凝縮した「鶏パイタン水餃子」、芳醇な「トリュフ香る出汁巻き玉子」、〆には毎朝手打ちされる「ミニざるそば」や「鶏出汁ごはんの焼きおにぎり」など、どれも魅力的。

また、アットホームな雰囲気で楽しく居心地よく飲めるのがうれしいお店です。

1.気軽にひとり飲みできるカウンター席。**2.**酎ハイ、トリュフ香る出汁巻き玉子、あて盛り合わせ（カレーポテサラ、鴨わさ、青菜のおひたしそば出汁仕上げ）。**3.**驚きのやわらかさの「鴨わさ」がお気に入り♪ **4.**〆にぴったりな「ミニざるそば」。

お料理と合う、選りすぐりの日本酒も楽しめる！

お店から ひとこと

毎日替わるおすすめメニューもございます。お気軽にお越しください。女性のひとり飲みも大歓迎です。

ここもチェック！

15：00（L.O.14：30）までのお得なランチも必見！ 中でも「タッカンマリランチ定食」は名物の鶏パイタン鍋を気軽に堪能できる。

住 東京都北区赤羽南1-6-11 ルチェンテ赤羽 B1F　☎ 03-5939-7105
営 11：30〜15：00（L.O.14：30）　夜17：00〜23：00（F.L.O.22：00　D.L.O.22：30）
休 なし　※年末年始は除く

居酒屋

朝から呑める巣鴨の楽園

お品書き

- 酎ハイ　400円
- ナニコレサワー　500円
- 名物 牛もつ煮 ハーフ　300円
- 人気 煮たまごイクラ　400円
- 人気 モスバーガー風の頭　400円
- 隠れ人気 ドリームサラダ　450円
- 隠れ人気
にんにくセレナーデ　300円
- 座りでお通し　席料なし

巣鴨 朝めし酒場 ナニコレ食堂

「呑兵衛の心をつかむ市場前の食堂酒場」

明るい光が差し込む店内は、今日も朝から呑兵衛たちで賑わっている。

　元々IT企業にお勤めで、飲み歩きがお好きな店主ひろこさんが2017年1月に開業した食堂酒場。店名は開業前にテレビ番組で聴いた曲が由来だそう（楽しい曲）。また、青果市場前にお店があることから、入口には生産者の方に親しみのある「かかし」が設置されています。

　ひろこさんの作るお料理は、どれもおいしく魅力的でお酒がすすむ。

ひとりで来ても楽しい空間。近くのお客さんと会話が弾むことも。

大好きな組合せ。白玉焼酎ボトル＆ナニコレサワー、モスバーガー風の頭、煮たまごイクラ。

1.ぷるぷるの国産牛もつがたっぷりの名物「牛もつ煮 ハーフ」。**2.**常連さんに人気の夢が詰まった「ドリームサラダ」。**3.**小腹が空いたときにぴったりな「にんにくセレナーデ」。

おつまみプレートのよう♪
夢の詰まったドリームサラダ

国産牛もつを使用した「牛もつ煮」をはじめ、人気の「煮たまごイクラ」や「モスバーガー風の頭」、おつまみプレートのような「ドリームサラダ」、おつまみにも〆にもなる自家製にんにくじょうゆを使用した「にんにくセレナーデ」など、**酒呑みの心をつかむメニューが盛りだくさん。**また、日替わりメニューや週末はお刺身などもあり、ホワイトボードのメニューが訪れる楽しみのひとつ。

距離の近いアットホームな空間で、楽しくて居心地がよく、つい長居をしてしまう。朝から呑める巣鴨の楽園のようなお店。

お店から ひとこと

入りにくいかもしれませんが、入ってしまえばわが家のリビングのように感じていただけると思います。

住 東京都豊島区巣鴨4-27-10　☎ なし
営 平日8：00～18：00　金12：00～18：00　土日8：00～17：00　休 水

寿司をつまみに
ひとり飲み

寿司と合わせてお酒を飲めば贅沢で至福の時間に。
寿司だけでなく、一品料理やガリもつまみに楽しんで。

1

3

2

1.ビジュアルからもうおいしい！ サーモンアボカド(385円)。**2.**焼きあご出汁おでん(110円～)はホッとする味わい。**3.**気軽に一杯できる立ち飲み。

有楽町

寿司トおでん にのや 有楽町店

あて巻きや一品料理にときめく寿司酒場

お寿司やおでん、日本酒が楽しめる寿司酒場。立ち飲みも座り飲みもできます。

お酒のあてになるひと口サイズのあて巻(巻き寿司198円～は、つまみにも〆にもなる。イチオシはピカピカの「サーモンアボカド」。赤酢のかっぱ巻にサーモンやアボカド、とびっこが盛られていて、ちびちびつまんではお酒がすすむ。そうそう「涙巻き」も忘れちゃいけない。ピリピリ旨辛でクセになるおいしさ。あて巻きだけでなく、鮮魚や旬の一品料理、おでんなどお料理も充実していて魅力的。一人前サイズなのでひとり飲みにぴったりです。

住 東京都千代田区丸の内3-7-3　☎ 03-6812-2505
営 平日16:00~23:00　土日祝15:00~23:00　休 年中無休(年末年始除く)

神田

寿司バル弁慶 神田店

新潟気分で一杯できる絶品立ち食い寿司

新潟で人気の「佐渡廻転寿司弁慶」系列の立ち食い寿司。神田駅前で気軽に新潟の味が楽しめてちょっと一杯もできる。必ず食べるのは新潟でおなじみの「南蛮えび」。ぷりっと甘くてやみつきになるおいしさ。さらに新潟の地酒をクイっと呑んだらもう最高！

1. 本日の5貫セット(990円)。この日は南蛮えびや大トロも♪ **2.** 新潟の地酒ワンカップ(550円)が豊富。セルフで冷蔵庫から取り出して呑んでOK！

㊟東京都千代田区内神田3-8-10 本郷ビル1F ☎03-6262-9590
㊖月〜木・土11:00〜22:00 金11:00〜23:00 ㊡日、祝日

八王子

独楽寿司 八王子オクトーレ店

飲み放題90分550円！最強の回転寿司

八王子駅直結！小田原漁港直送のおいしい魚や90分550円飲み放題が楽しめる香兵衛の楽園のような回転寿司。毎回食べるのはサクッとねばねばの「納豆巻天ぷら」や鮮度抜群の「天然地あじ」。おいしくお酒がすすみます。

1. 飲み放題ではクリアアサヒ、サワー、ハイボール、焼酎、ワイン、日本酒などが楽しめる。**2·3.** 何を食べてもおいしい！ つまみも充実。

㊟東京都八王子市旭町9-1 八王子オクトーレ 9F ☎042-649-5573
㊖11：30〜22：00(L.O.21:30) ㊡ビルの定休日に準ずる

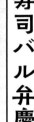

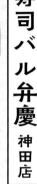

大衆酒場

ビール醸造所のひとり飲み限定セット

北千住 さかづきBrewing

お品書き

- おひとり様限定 ほろ酔いセット　1400円
- クラフトビール　550円～
- おつまみ　380円～
- 座りでお通し　席料なし

ボヘミアンピルスナー「シャイガール」、ヘイジーIPA「ミモザ」、アールグレイブラウン「からたちの花」。※ビールのラインナップは季節によって変わります。都度店頭でご確認ください。

1階の立ち飲みで
醸造タンクを眺めながら一杯

立ち飲みとレストランが楽しめるブルワリーパブ

北千住に、ひとり飲みしやすいクラフトビール専門店がある。その名も「さかづき Brewing」。1階は醸造所と立ち飲み、2階はビールと食事が楽しめるブルワリーパブ。

経営するのは女性醸造家の金山さん。大手ビール会社ご出身でビールも食べることもお好きだったことから2016年にブルワリーパブを開店。店名「さかづき」は「杯」と「酒好き」が由来。さらに「づき＝月」とも掛けていて月のモチーフで女性らしさも表現されています。

今回特筆したいのは**おひとり様限定「ほろ酔いセット1400円」**。自家製ビール＋前菜3種盛り合わせ＋メイン料理のセットで、気になるビールや料理を選んで、あれこれ楽しめるのがうれしい！　何よりおいしくて瞬く間にグラスが空っぽ。

また、ビールは季節感や繊細さ、やわらかさにこだわって、料理と抜群に合うのでペアリングしやすい♪　**ビールだけなら1階、ビールと食事なら2階。はしごも楽しい！**　ビール好きには夢のようなお店です。

1.おひとり様限定「ほろ酔いセット」のビール、前菜（ポテサラ、鶏レバーのテリーヌ、本日の1品）、メイン料理（牛ハラミ+200円）。**2.**炭火で焼いた「牛ハラミ」は絶妙なやわらかさ。**3.**2階レストラン。**4.**1階立ち飲み。タンクを眺めながら一杯。

お店から ひとこと

多彩さと季節感、個性を大事にクラフトビールを作っています。おいしい炭火焼き料理とご堪能ください。

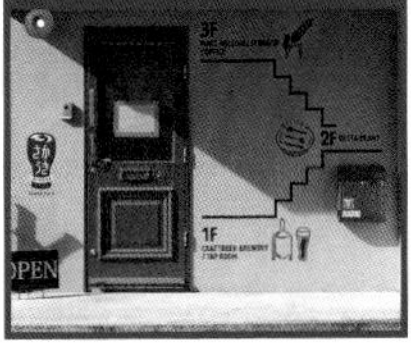

住 東京都足立区千住1-20-11　☎ 03-5284-7676
営 16：00～22：30 ※1階タップルームは15：00～　土祝13：00～22：30
日13：00～21：30　休 月火

大衆酒場

のんびり落ち着ける昭和酒場

十条 斎藤酒場

風情ある空間に落ち着きます。相席スタイルではありますが、慣れると気楽に一人飲みできる。

ひと息つける
癒し効果のある酒場

昭和3年創業の大衆酒場。言わずと知れた歴史ある名店。現在三代目のご夫婦で切り盛りされています。**のんびり落ち着いた時間が過ごせるこちらでのひとり飲みが好き。**暖簾をくぐると、昭和にタイムスリップしたかのような風情ある佇まい。テーブルの上には鮮やかなお花が飾られていて、晴れやかな気分にもなります。さらに、さり気なく女将さんが明るく声を掛けてくださったりもして和みます。

まずはビール大瓶。昔ながらの水

ビール大瓶、ポテト野菜サラダ、マグロ煮、カレーコロッケ。

お品書き

- 酎ハイ　310円
- 冷やしビール大瓶（サッポロ）　590円
- お通しのピーナッツ　無料
- 人気 ポテト野菜サラダ　360円
- 人気 カレーコロッケ（2個）　380円
- マグロ煮　320円
- 隠れ人気 ピーナッツ　300円

3

1

2

1.懐かしい味わいの「ポテト野菜サラダ」。ソースとの相性も抜群。**2.**色鮮やかな季節のお花に癒される。**3.**「瓶ビール」は昔ながらの水冷方式でキンキンに。

冷方式でキンキンに冷えていておいしい！ サービスのお通しをつまみながら、おつまみは何にしよう？ お料理は手作りで短冊には定番から旬のものまでずらり。自家製の「ポテト野菜サラダ」、スパイシーな「カレーコロッケ」、ちびちびつまめる「マグロ煮」など、懐かしい味わいにホッとしてお酒がすすんでいく。

　最初は緊張するかもしれませんが、思ったより気軽で、皆がそれぞれの時間を楽しむ大人の空間。安心感があり、こちらで呑むとすっかりその日の疲れが取れてしまうような癒し効果のある酒場です。

お店から ひとこと

よいことがあった日はもちろん、悪いことがあった日でも、いつでも気軽にひと息つきに来てください。

住 東京都北区上十条2-30-13　☎ 03-3906-6424
営 16：30〜23：00（L.O.22：30）　土16：30〜22：30（L.O.22：00）　休 日祝

大衆酒場

豊富なメニューにわくわくする大衆酒場

篠崎 大林

至福すぎる

トマトフライ
大好き！

焼酎ハイボールの
焼酎の量はなんと約150㎖！
好きな量で割って飲める

お品書き

- 焼酎ハイボール（赤・白）各種450円
- アイスペール 150円／追加炭酸200円
- お通し　100円
- トマトフライ　350円
- 人気 ヤリイカトマトバター 450円
- 刺身盛り合わせ（1～2人前）850円

1.焼酎ハイボール赤、トマトフライ、刺身盛り合わせ、ヤリイカトマトバター。**2.**お気に入りの「トマトフライ」。**3.**おつまみは300～400円台の価格が中心で種類が豊富。

酒場ファンに愛される居心地よしの大衆酒場

江戸川区篠崎の大衆酒場。駅からは徒歩20分程と遠い。だけどバスもあるし、駅からの距離が気にならないくらい魅力のあるお店。

創業は昭和42年。酒場ファンおなじみの名店で、現在二代目のご夫婦が切り盛り。屋号は先代が「大林酒店」で働かれていたことに由来して「大林」と名づけられています。

まずは「焼酎ハイボール」から。赤・白あり、赤は梅風味シロップ入りの爽やかな酎ハイで、白はドライ酎ハイ。創業時から焼酎・炭酸・

定員16名。店内にはコの字カウンターが置かれ、壁にはメニューがびっしり！ ワクワクが止まらない。

氷・ジョッキを別々で提供。焼酎の量はなんと150㎖ほど！ 好きな塩梅で飲めるのがうれしい。

お料理はとにかく豊富でワクワクが止まらない！ **中でもお気に入りは、くし形切りトマトの「トマトフライ」**。サクジュワ食感で爽やか。やみつきになります。人気は創業時から提供の「煮込み」や鮮度よしの「刺身盛り合わせ」、お洒落な「ヤリイカトマトバター」、ボリューム満点の「カツカレー（あたま）」など。

何を食べてもおいしく、のんびり過ごせて居心地よく、腰を据えてゆっくり呑みたいお店。

お店から ひとこと

入りにくいイメージがありますが、アットホームな雰囲気で楽しく営業しています。お気軽にお越しください。

住 東京都江戸川区下篠崎町10-10　☎ 03-3676-4983
営 17：00～23：00　休 木　第4水曜日

大衆酒場

カワハギ刺身や天ぷらに舌鼓！

四ツ木　大衆酒場ゑびす

豊富なメニューに圧倒される老舗大衆酒場

四ツ木の老舗大衆酒場。お刺身など魚料理で呑みたいときに行きたくなる名店です。創業は昭和26年。屋号は先代がニコニコ顔で「えびす様みたいだね」と、よく言われていたことから「ゑびす」。移転などを経て、現在二代目のご主人と三代目の息子さんを中心にご家族で切り盛りされています。

まず、**壁を埋め尽くすほど豊富なメニューに引き込まれる**。毎朝豊洲と千住市場を行き来し、吟味して仕入れた自慢の魚料理をはじめ、鰻や

落ち着いた空間。移転前から長年使用されている15席程のカウンター。

お品書き

- 焼酎ハイボール　430円
- 高清水　（小450円）（大700円）
- 人気 カワハギ刺身　700円
  ※入荷がない場合も
- 人気 天ぷら盛合せ　700円
- 人気 もつ焼き　350円
- 座りでお通し　席料なし

至福のひととき。高清水（大）、カワハギ刺身（肝ぽん酢つき）、魚や野菜など8種の天ぷら盛合せ。

キンミヤ焼酎使用

お料理と相性抜群

1. 爽やかな「焼酎ハイボール」。焼酎はキンミヤを使用。**2.** 女将さんが秋田ご出身で「高清水」を提供。飲みやすい♪ **3.**「忙しくなければメニューにない物も作るよ」とサービス精神旺盛なご主人。

おいしい
もつ焼きまで
楽しめてしまう♪

どじょう、天ぷらやフライ、煮込みや肉豆腐、もつ焼き、炒飯や丼物、お吸い物までずらり。中でも感激したのが人気の「カワハギ刺身」。姿造りで肝ぽん酢つき。うまみが広がるカワハギを濃厚で爽やかな肝ぽん酢で食べたら、もう最高！続いて「天ぷら盛合せ」も見逃せない。内容は季節替わりでこの日はキス・ハゼ・コチ・アナゴ・いわし・イカ・南瓜・いんげんの8種。サクサクでお魚は鮮度よく、ボリュームも満点！

また、落ち着けるカウンター席も魅力。お腹を空かせてじっくり楽しみたいお店。

お店から ひとこと

おいしい料理とお酒をご用意してお待ちしておりますので、おひとり様でもお気軽にお立ち寄りください。

住 東京都葛飾区四ツ木1-28-8　☎ 03-3694-8024
営 16：00〜22：30　休 火

大衆酒場

おいしい魚料理でのんびり一杯

北千住　酒屋の酒場

**毎朝市場で目利きした
こだわりの魚料理が
楽しめる**

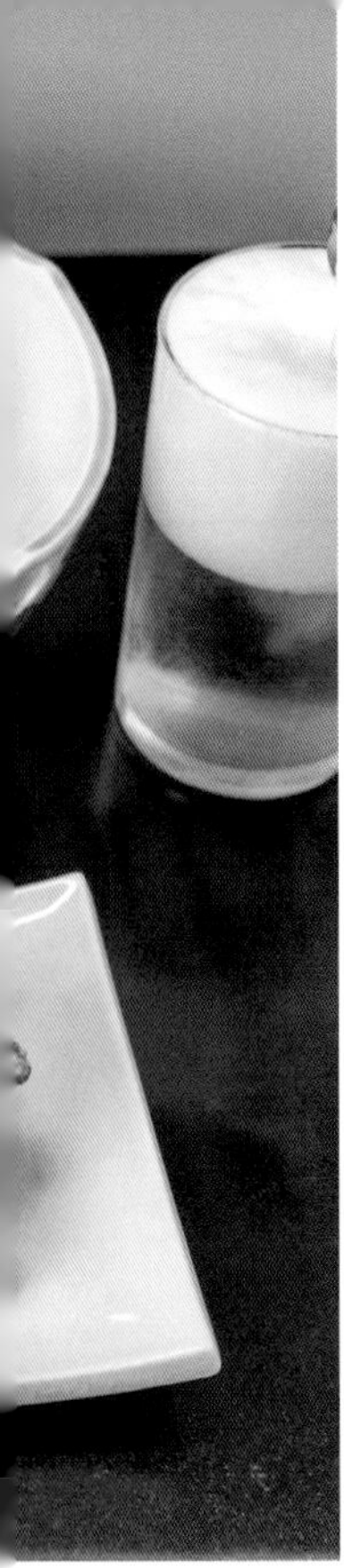

1.創業時から提供のソーダ瓶。「炭酸は瓶がおいしい！替えられない」とご主人。2.約20年前、お酢が苦手な方のために考案した「あん肝塩麹」。少し置いてから食べるととろける食感。3.カウンターは9席。落ち着いて飲める。

先代から引き継いだぬか床で漬けた「ぬか漬け」もおすすめ！

「おいしい魚料理で呑みたい」。そんなときにおすすめなのが北千住の「酒屋の酒場」。

創業は昭和31年。先代が元々親戚の酒屋さんにお勧めされていた後に同店を開業。配達先で屋号を相談したところ「酒屋が出すから酒屋の酒場でいいじゃん」と、そんなひとことが店名の由来になっているそう。さらに市場のマグロ屋さんでお手伝いされていた縁で魚料理を提供。

現在は先代の息子さんである二代

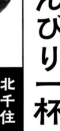

どれも絶品！サッポロラガー大瓶、アジフライ、さしみ3点盛り、あん肝塩麹（※あん肝は季節限定）。

お品書き

- 酎ハイ　410円
- サッポロラガー大瓶　650円
- 人気 さしみ3点盛り　1200円
- 人気 アジフライ　550円（ハーフ280円）
- 季節限定 あん肝塩麹　450円
- 隠れ人気 ぬか漬け　200円
- 隠れ人気 ホッキサラダ　320円
- 座りでお通し　席料なし

目のご主人が切り盛りされています。**ご主人が毎朝市場で目利きする魚料理がどれもおいしい！** この価格でこんなにいいものが楽しめるの？ となる。まず、人気の「アジフライ」はサクふわで格別。続いて旬の「お刺身」はピカピカでボリューム満点。さらに心をつかまれたのが季節限定の「あん肝塩麹」。ガーリックラスクの上にあん肝塩麹漬けがのっていて、サクサク濃厚でとろけるおいしさ！ お酒が止まりません。

　駅から徒歩10分と少し歩きますが、おいしいお酒とお料理に一日の疲れが吹き飛んでいきます。

お店から ひとこと

最初は、入りづらいかもしれませんが、お気軽に扉を開けて店内をのぞいてお声掛けください。

㊟東京都足立区千住中居町27-16　☎03-3882-2970　㊡16：30〜22：00　㊡水日祝

大衆酒場

朝から晩まで呑める食堂酒場

50席ほどの店内。カウンターの席数も多く、気軽にひとり飲みできる。

1.食感が絶妙な人気の「肉野菜炒め」。**2.**これさえあれば感のある「きびなご唐揚げ」。**3.**アレンジが楽しい「カレールー」。納豆との合わせ技もおすすめ！

立ち食いそば屋から始まったお店なので、そば・うどんメニューが豊富。

鶯谷 信濃路 鶯谷店

呑兵衛のオアシス！
昭和から続く鶯谷駅前の食堂酒場

鶯谷駅北口を出てすぐに呑兵衛のオアシスがある。その名も「信濃路（しなのじ）」。創業は昭和47年。食事はもちろん朝から晩まで呑める食堂酒場。神社の一階という類稀な立地にある。

　時刻は朝10時。今日もカウンター席はお酒を楽しむお客さんでほどよく賑わう。壁にはメニューがびっしり！**料理だけで約150種**はあり、何かしら食べたいものがある安心感がうれしい。

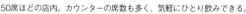

お品書き

- 酎ハイ　430円
- ホッピーセット　410円
（中おかわり280円）
- ハムエッグ　450円
- 人気 肉野菜炒め　550円
- 人気 カレールー　300円
- 座りでお通し　席料なし

ここもチェック！

人気メニューは「肉野菜炒め」、「ハムカツ」、「カレールー」など。店長さんが博多ご出身で「一口豚足」など数種の九州料理も楽しめる。

朝からホッピーとハムエッグで一杯！休日のお楽しみ♪

まずは「ホッピーセット」から。ふ～落ち着く。おつまみは「ハムエッグ」にしよう。しょうゆをかけ、半熟の目玉焼きをハムで包んで口へ運び、ホッピーを流し込む。うまっ！早速「中」をおかわりして「肉野菜炒め」も。しっかりした味つけでシャキシャキ野菜とやわらかな豚肉。益々すすんじゃうねってことで、再び「中」おかわり。イイ具合でほろ酔いになった所でお会計は2000円足らず。

朝から晩まで気軽に一杯できる鶯谷駅前のパワースポットです。

お店から ひとこと

朝から飲めて豊富なメニュー。食べたい料理がきっとみつかります。朝でも夜でもお気軽にお越しください。

住 東京都台東区根岸1-7-4 元三島神社 1F　☎03-3875-7456
営 7：00～23：30　休 なし

大衆酒場

商店街の惣菜を持ち込んで昼飲み

曳舟 もちこみ屋

商店街にあるお店「こばち屋」で購入したお惣菜で一杯。

お品書き

- 生ビール スーパードライ　200円
- 樽ハイ　200円
- こばち屋 青菜炒め　200円
- こばち屋 カンパチ塩焼き　300円
- こばち屋 ポテサラ　200円
- 席料　こばち屋で買い物したの一声で0円

品質にこだわった
おいしい生ビールが
1杯200円で楽しめる！

一杯200円！キラキラ橘商店街の夢のようなセルフ居酒屋

スカイツリーが望める「キラキラ橘商店街」。そんな商店街の一角に夢のようなセルフ居酒屋がある。なんと**お酒は200円均一で商店街などで購入したおつまみを持ち込むことができるんです。**

開業は2018年12月。切り盛りするのはご主人の田村さん。物件が空いていた商店街のこの場所で、ひとりで営業できるお店を考えた所、現在のスタイルを思いついたという。セルフ式でおつまみのみ持ち込み可能。席料は200円で、キラキラ橘商店街で買い物をした場合は100円引き、義理の妹の惣菜店「こばち屋」で買い物をした場合は200円引きとなる。

まず商店街でおつまみを吟味するのが楽しい！　そして、生ビールもおつまみもおいしくて、明るいうちからのんびり過ごすここでの時間が心地よいのです。

商店街の活性化や地域の憩いの場という側面もある素晴らしきお店。カウンターには「マスターに一杯奢ってくれる優しい方はお皿に200円乗せてね」との貼紙。「ぜひ一杯どうぞ！」と言わずにはいられない♪

お店から ひとこと

気軽にふらっと飲みに来ていただけたら幸いです。昼飲みを楽しむ同士を募集しております(笑)。

もちこみ屋
居酒屋

こばち屋のポテサラ。
みかん入りでうま〜！

3

まずは商店街で
おつまみを調達♪
1

もちこみ屋で
昼飲みスタート！
4

こばち屋で
お惣菜を購入
2

1.商店街でおつまみを調達するのが楽しい♪ **2.**こばち屋はつまみにも最適なお惣菜がずらり。**3.**地域の憩いの場でもあり、世代を超えて会話を楽しむ方の姿も。**4.**セルフ式で支払いはキャッシュオン。

住 東京都墨田区京島3-21-10　☎ 080-3455-4413　営 11：00〜17：00　休 日

自販機&変化球酒場で ひとり飲み

ちょっぴり変わった非日常のワクワクする酒場を紹介。
東京都内を離れてひとり飲みの旅はいかがでしょうか。

支払いはキャッシュオンで、好きな場所で飲める。酒販機のお酒は1杯200円・小皿料理は200円均一。ボートレースをする人もしない人も楽しめるお店！

福岡・天神

立ち飲み ひろ

心躍る大人の駄菓子屋のような立ち飲み

東京からワープして福岡・天神のお店！ その名も「立ち飲み ひろ」。「ボートレース福岡」前にあり、レース開催日に営業されている立ち飲み屋。

100名ほど利用できる広い店内には、独自開発された年代物の酒販機（本格焼酎・日本酒など）が並び、カウンター上には200円均一のおいしい小皿料理がずらり！ まるで大人の駄菓子屋のようで心躍らずにはいられません。昼間からレース中継や雰囲気を楽しみながらの一杯はもう最高！ 女将さんの優しさにホッとでき、常連さんたちが皆さんお優しいのも魅力。

住 福岡県福岡市中央区那の津1-7-2　☎ 非公開　営 10：00～18：00（福岡競艇の開催時間に合わせての営業のため、季節ごとに営業時間が変わります）　休 不定休（HP、インスタグラム、公式ラインにて随時お知らせ）※来店の際は営業日、営業時間などをご確認の上、ご来店ください。

新潟 ぽんしゅ館 新潟驛店

1.新潟全酒蔵の100種以上もの代表銘柄をここで唎酒《ききざけ》できる。その楽しさに思わず顔が緩みます。**2.**つまみはパリパリの生きゅうり(100円)。

お酒のテーマパークのような唎酒処

新潟駅前の人気スポット「ぽんしゅ館 唎酒《ききざけ》番所」。まずは５００円を支払いお猪口&コイン5枚(最大5杯分)と引換。新潟全酒蔵の１００種類以上のお酒が唎酒《ききざけ》マシンに揃い、コインを入れるとお酒が出てくるシステム。まるでお酒のテーマパークのよう。

㊟新潟県新潟市中央区花園1-96-47 CoCoLo西館 3F ☎025-240-7090
営9：00〜21：00 唎酒番所9：30〜20：30(20：15受付終了) 休年中無休

神奈川・桜木町 はなみち

安い・うまい・濃い！ 老舗の立ち飲み

桜木町駅前「ぴおシティ」にある老舗の立ち飲み「はなみち」。年代物の酒販機が２台あり、２００円を入れると「ひや酒」や「かん酒」が楽しめる。また、酎ハイやサワー等のお酒が濃く、魚料理はどれもおいしい！ 多くの呑兵衛に愛される人気店です。

1.酒販機のお酒は1杯200円で「松竹梅 豪快」や「白鹿 灘仕込」が楽しめる。**2.**料理は200円〜400円の価格帯。お刺身やフライなど魚料理がおいしい♪

㊟神奈川県横浜市中区桜木町1-1 ぴおシティ B2F ☎非公開 営月〜金12:00〜21:00
※揚げ物L.O.20:15 ※飲み物、揚げ物以外のL.O. 20:30 土12:00〜19:30 休日・祝日

COLUMN 5

京成立石
八百屋の一平ちゃん

野菜たっぷりカレールーもおいしいよ！

野菜好き必見！お酒が飲める八百屋さん

野菜で一杯できる八百屋さん。おつまみは200円からあり、冷やしトマトや漬け物、旬野菜のおかず、野菜たっぷりカレーなど手作りの野菜料理が盛りたくさん。フルーツサワーやフルーツサンドも楽しめる、アットホームで楽しい雰囲気も魅力のお店。

1.チューハイ（350円）、生グレープフルーツ（100円）、下町母さんの気ままなおかず（各200円～）。**2.**お昼前から営業でバッチリ昼飲みもできる♪

フルーツサンド(季節限定)はハイボールのつまみにもなる！

住 東京都葛飾区立石1-12-7　☎ 03-3696-6147
営 月～土9:45～18:00（L.O.）日12:00～18:00
休 祝日

京成立石
舟和

芋ようかんが名物のお酒が飲める甘味処

昭和から続く甘味処。甘味や食事、おまけにお酒まで楽しめる♪　一押しはお抹茶ハイ・芋ようかん・あんこ玉の「おとなセット730円」。お芋の香りと甘みが広がる手作り「芋ようかん」とほろ苦スッキリ「お抹茶ハイ」の相性抜群！　ホッと落ち着けるお店です。

1.「おとなセット730円」。名物の芋ようかんは、創業時から手作りで材料はさつま芋と砂糖と塩のみ。**2.**浅草の老舗和菓子店「舟和」唯一の暖簾分け店。

住 東京都葛飾区立石1-18-10　☎ 03-3694-0270　営 10:00～17:00（木曜は15:00まで、金・土曜は21時まで）　休 不定休

東大前
魚安

売場の一角で立呑みできる魚屋さん

15時から店頭に並ぶお刺身や焼魚、揚げ物、珍味などをつまみに、売場の一角で立呑みできる。金土は「魚安セット」もあり、刺身盛り+選べる小鉢+好きなお酒1杯で1100円〜。お魚がおいしく、気軽にのんびり一杯できるお店。

1. 金土の魚安セット（1100円〜）。鮪がおいしい！ そして、セット小鉢のブリの卵煮でお酒がすすむ〜！ **2・3.** お魚に囲まれながら売場でのんびり立呑み。

㊟東京都文京区本郷6-21-9　☎03-3811-4037
営11:00 〜 19:00（立呑みは15:00 〜）　休日曜・祝日

小岩
魚ケイ

鮮魚やイタリアンで一杯できる魚屋さん

戦後から続く魚屋さん。軒先で魚料理やイタリアン惣菜をつまみに飲める。缶酎ハイ200円・料理は300円台〜で、ある日食べたお刺身、生牡蠣、春巻き、全部おいしくて最高〜！　野外での一杯が心地よく、料理やワインにワクワクするお店。

1. 缶ビール（250円）、シマアジ・肝つきカワハギ（各500円）。**2.** お刺身はショーケースから選べる。**3・4.** 軒先のテーブルで立ち飲みも座り飲みもできる。

㊟東京都江戸川区西小岩4-4-20　☎03-3657-5371　営11:30〜14:00（L.O.13:30）
16:00〜20:00（L.O.19:00）　休水曜日、日曜日（水曜は豊洲市場開市に準ずる）

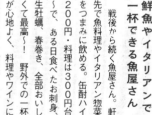

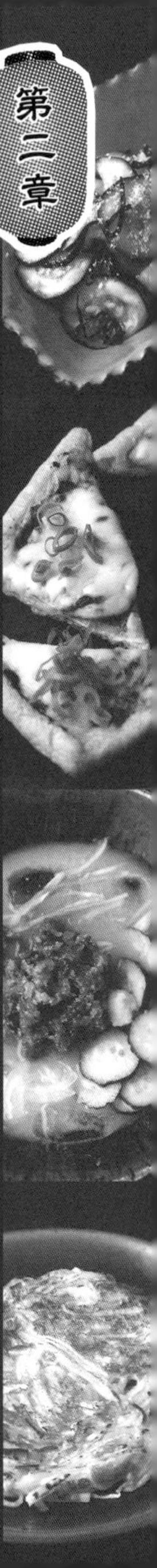

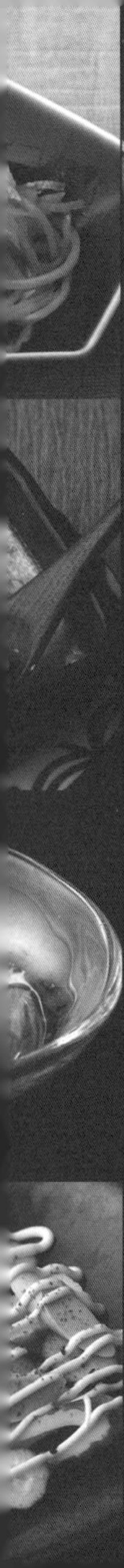

第二章

お家で楽しむひとり飲み

酒場7店舗に教わる絶品おつまみと
酔っても作れる簡単おつまみを全50レシピ紹介。
どれも手軽に作れて、
最初の一杯めのおつまみから
〆の一品までお酒がすすむ
おいしいものばかりです。

板橋・大山 ゾウとチャッカまん の

おつまみ生ピーガパオ

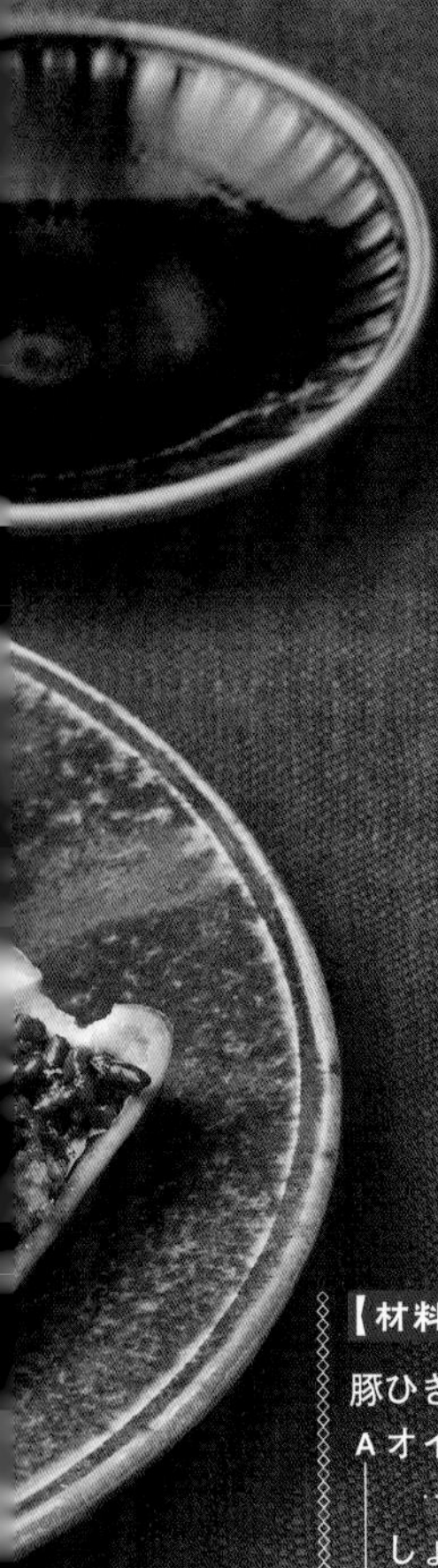

ひろみんの
これがたまらん!!

昼飲みも立ち飲みも座り飲みも楽しめる大衆居酒屋。気軽にのんびり一杯できるし、おつまみがおいしく魅力的。生ピーガパオは後引くおいしさ！

【材料（作りやすい分量）】

豚ひき肉…200g
A オイスターソース
…大さじ３
しょうゆ…大さじ２
みりん・酒・
うま味調味料
…各少々
白すりごま…少々
赤唐辛子…２本
サラダ油…適量
バジル…適量
ピーマン…３個
千切りキャベツ・
マヨネーズ…各適量

1. フライパンにサラダ油を入れて中火で熱し、ひき肉を炒める。
2. フライパンの油をキッチンペーパーでふき取る。
3. Aを加えて、少し水分を飛ばすように炒める。
4. 火を止めてちぎったバジルを加え、混ぜる。
5. ピーマンは縦半分に切ってヘタと種を取る。
6. ❺に❹をのせて器に盛り、キャベツ、マヨネーズを添える。

24ページで系列店「キリンとラガーまん」も紹介しています。合わせてご覧ください。

ピーマンは
冷水に浸けると
パリッと感が出る
バジル香る
ピリ辛ひき肉と
パリパリピーマン。
こりゃビールが
すすんじゃうね♪

お店から ひとこと

生野菜とお肉は相性抜群！ お酒ではなくご飯でもOK！ 旬の野菜を冷やしてつけ合わせても最高です！！

ゾウとチャッカまん

住 東京都板橋区大山町10-13 ☎なし 営 13：00〜23：00(フードL.O.22：00 ドリンクL.O.22：30) 金・土13：00〜24：00 休 日曜日 ※ほか不定休あり

お店に教わる簡単絶品おつまみ #2

上野 他

ほていちゃんの アボカドタルタル

ひろみんの これがたまらん!!

都内を中心に
店舗展開する大衆居酒屋。
様々なシーンで一杯できる
呑兵衛の味方！
アボカドタルタルは
生ハムをスモークサーモンに
変えても◎。

おもてなしにも
おすすめ

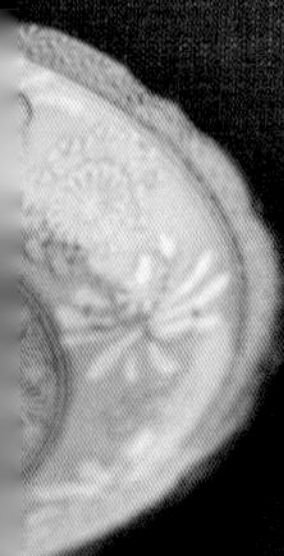

【材料（1人分）】

アボカド…40g
クリームチーズ…15g
A レモン汁・こしょう
…各少々
B オリーブオイル・
マヨネーズ・塩
…各少々
生ハム（スモークサーモン、
まぐろの刺身でも可）
…15g
メープルシロップ・
クラッカー
（各お好みで）…各適量

1. アボカドとクリームチーズはそれぞれ１cmの角切りにする。アボカドは**A**を加えて和える。クリームチーズは**B**を加えて和える。
2. セルクル型にアボカド、クリームチーズの順に詰め、上に生ハムをちぎってのせ、セルクル型をはずす。
3. お好みでクラッカーとメープルシロップを添える。

甘じょっぱさが
やみつきになる
濃厚な味わい

お店から ひとこと

大人気メニューの簡単レシピ。ベースは一緒で、えびやスモークサーモンなどトッピングは無限大です。

ほていちゃん　上野店

住 東京都台東区上野6-10-13　☎03-5846-6660　営 10：30〜23：00(L.O.22：30)
休 年中無休

お店に教わる簡単絶品おつまみ #3

北千住 タチアタル の メンマとパクチーの白和え

ひろみんの これがたまらん!!

2020年にオープンし、
瞬く間に人気店となった立ち飲み屋。
明るく楽しい、そして
アイデア満載のおつまみが
どれもおいしく、ワクワクの連続。

【材料（作りやすい分量）】

絹ごし豆腐
…1丁（150g）

A 白練りごま…大さじ1
めんつゆ（2倍濃縮）
…大さじ2

パクチー…1パック
メンマ…1パック
（約80g）
食べるラー油
（ラー油でも可）…適量

1. 豆腐はキッチンペーパーで包み、耐熱容器に入れ、電子レンジ（500W）で2分加熱して水切りをし、冷ます。
2. パクチーは食べやすい大きさに切り、水洗いしてざるにあげ、水気を切る。
3. ボウルに❶と**A**を入れ、ホイッパーでなめらかになるまで混ぜ合わせる。
4. ❸に❷とメンマを加えて和え、器に盛り、食べるラー油をかける。

パクチーの風味を
やさしく包む
白和えが絶品

コリコリ
シャキシャキ！
食感が楽しい

お店から
ひとこと

ファンの方は必ず注文される人気メニュー。立ち飲みなので、ぜひお気軽に飲みに来てくださいね～！！

タチアタル

住 東京都足立区千住2-62 さつき荘 ☎03-6806-2229 営平日16：00～23：30（F.L.O.22：30 D.L.O.23：00）土・日・祝日15：00～23：30（F.L.O.22：30 D.L.O.23：00）休 不定休

お店に教わる簡単絶品おつまみ #4

武蔵小山他 晩杯屋の

りゅうきゅう

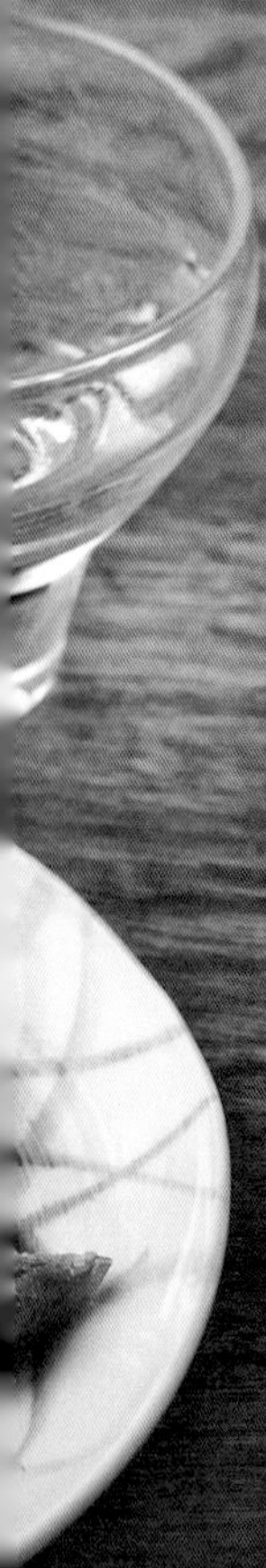

ひろみんの

これがたまらん!!

安い、うまい、早いが具現化された
ひとり飲みにうれしい
立ち飲みチェーン店。
刺身を特製ダレに漬けた
りゅうきゅうは、ごまの香りと
程よい甘さが絶妙。

【材料（1人分）】

A しょうゆ…小さじ1〜2
　みりん…大さじ1
　白すりごま…小さじ1/2
お好みの刺身
（ぶり・いなだ・はまち・あじなど）…50g
大葉…1枚
大根のつま・わさび・小ねぎ（小口切り）…各適量

1. ボウルにAを入れてよく混ぜ合わせる。
2. 食べやすく切った刺身を❶に入れ、全体を混ぜ合わせ、ラップをして冷蔵庫で20分漬ける。
3. ❷をざるにあげ、汁気を切る。
4. 器に大根のつま、大葉を盛りつけ、❸を盛って小ねぎをのせ、わさびを添える。

お好みの刺身で
作ってもOK。
漬け込み時間も
お好みで

お店から
ひとこと

毎朝豊洲市場で仕入れる鮮度抜群の魚がおすすめです！　ご来店の際はホワイトボードをご確認ください！

お酒にも白ごはんの
お供にもぴったり

晩杯屋　武蔵小山本店

住 東京都品川区小山3-24-10　☎03-3785-7635　営 11：00〜23：30
休 1月1〜3日

池袋他 一軒め酒場の クリームチーズの甘酒漬

ひろみんの これがたまらん!!

立ち飲み価格で座って飲める
気軽なチェーン酒場。
刷新して益々メニューが魅力的に！
クリームチーズの甘酒漬は
やみつきになる不思議な味わい。

まろやかで優しい
甘さが絶妙！
ちびちびつまめる

【材料（作りやすい分量）】

クリームチーズ…100g
甘酒…1合（180mℓ）
しょうゆ…40mℓ
粗びき黒こしょう…適量

1. クリームチーズを大きめに切る（小さく切ると崩れやすいので、大きさをそろえてください）。
2. ポリ袋に❶、甘酒、しょうゆを入れ、空気を抜いて袋の口を縛り、冷蔵庫で1日おく（漬け込み具合はお好みで）。
3. 袋から取り出し、食べやすい大きさに切る。
4. 器に盛り、漬け込んだタレをかけ、粗びき黒こしょうをかける。

絶妙な
漬け込み具合が
味の決め手に

お店から ひとこと

クリームチーズも少し手を加えればもっとおいしく！　店舗ではほかにも沢山のおつまみをご用意しています。

一軒め酒場　池袋南口店

住 東京都豊島区西池袋1-10-15 養老乃瀧池袋ビル1階　☎03-3971-0180

営 8：00～24：00　休 年中無休 ※年末年始などを除く

お店に教わる簡単絶品おつまみ #6

板橋・大山 ViVA の

きのこ炒めにんにくおろしポン酢

ひろみんの これがたまらん!!

深夜も飲める気軽で楽しい立ち飲み屋。マスターのおつまみがおいしい。きのこ炒めおろしぽん酢はお酒がすすむヘルシーおつまみ♪

【材料（1人分）】

えのきだけ・しめじ・お好みのきのこ…各1/3パック
大根おろし…大さじ3
おろしにんにく…小さじ1
ポン酢しょうゆ（マイルドタイプ）…30〜50ml
サラダ油… 大さじ1
塩・こしょう…各少々

1 ボウルに大根おろし、ポン酢しょうゆ、おろしにんにくを入れて混ぜ、タレを作る。

2 フライパンにサラダ油をひいて、きのこに少し焦げ目がつくくらいまで炒め、軽く塩、こしょうをふる。

3 ②を器に盛り、上から①をかける。

ほんのり香る
にんにくが
食欲をそそる
お好みでにんにくを
足してもＯＫ

お店から ひとこと

お店で実際に出している人気急上昇中のメニュー。カロリーや糖質も低いので、深夜に食べても安心♡。

少し濃いめの
味つけで
お酒にぴったり

ViVA
住 東京都板橋区大山町14-4 ☎なし
営 17：00〜4：00 ※入店は3：30まで。状況により早じまいあり 休 木曜日

上野他 おとんばの 紅玉キャベ酢

ひろみんの これがたまらん!!

もつ焼き99円〜！北千住や高田馬場にも店舗を構える人気のもつ焼き酒場。紅玉キャベ酢は毎回注文する大好きなメニュー。やみつき必須です。

キャベツをしんなりとさせるのがポイント

【材料（1人分）】

キャベツ…1/8玉
ごま油…小さじ２と1/2
酢…小さじ２と1/2
塩…ひとつまみ
うま味調味料…３つまみ
白いりごま…小さじ１
紅しょうが…20ｇ
揚げ玉…適量

1. キャベツはひと口大の乱切りにする。
2. ボウルに❶と揚げ玉以外の材料を入れて混ぜる。
3. ポリ袋に❷を入れてもみ込み20〜30分おく。
4. 器に盛り、揚げ玉をのせる。

28ページでもお店情報を紹介してます。合わせてご覧ください。

食感が楽しく、
こってり＆さっぱり！
お酒が止まらない

お店から ひとこと

紅玉キャベ酢は冷蔵庫で１日寝かせてもおいしいです。御徒町の新店舗は牛ホルモン串が一押しです。ぜひお越しください！

もつ焼き　おとんば　上野店

住 東京都台東区上野6-7-13　☎03-6803-0291
営 12：00〜22：00（F.L.O.21：00 D.L.O.21：30）　休 年中無休

COLUMN 6

コンビニアレンジ おつまみで飲む！

帰り道のコンビニにあるものでサクッとおつまみを作って飲みはじめたい。
そんな願いをかなえる簡単コンビニアレンジおつまみを紹介します。

チーズがとろける明太ポテサラdeいももち

セブンイレブンの「明太ポテトサラダ」を使用しています。

【材料（4個分）】

明太ポテトサラダ…1パック
大葉…1〜2枚
ピザ用チーズ…ひとつかみ
片栗粉…小さじ2

1. 明太ポテトサラダ、細かくちぎった大葉、チーズ、片栗粉を混ぜ、4等分にして丸く成形する。
2. サラダ油（分量外）をひいたフライパン（中火〜弱火）で両面こんがりするまで焼く。

揚げ鶏と紅しょうがのコールスロー

セブンイレブンの「揚げ鶏」を使用しています。

【材料（1人分）】

揚げ鶏…1個
千切りキャベツ…ひとつかみ
紅しょうが…少々
めんつゆ…適量

これもコンビニ食材！

1. 揚げ鶏を細かく切る。
2. ❶、千切りキャベツ、紅しょうが、めんつゆを和えたら完成。

磯貝のガーリックオイル和え

【材料（1人分）】

おつまみ磯貝…1パック
オリーブオイル…ひとまわし
おろしにんにく（チューブ）、塩…各少々

1. おつまみ磯貝にオリーブオイルをまわしかけ、おろしにんにく、塩を入れて和える。

「おつまみ磯貝」を使用しています。

せんべろnetの簡単おつまみレシピ

やみつきみょうが肉巻き

居酒屋で食べて感銘を受けたみょうが肉巻きを再現。
豚バラのうまみとみょうがの香りでお酒が止まりません。

【材料（1人分）】

みょうが…お好みの量
豚バラスライス肉
…お好みの量
塩・こしょう・お好みの
肉用オリジナルスパイスなど
…各適量

1. みょうがはお好みで縦半分〜縦4等分に切る。
2. ①に豚肉を巻き、塩、こしょうやお好みのオリジナルスパイスをふる。
3. フライパンにサラダ油（分量外）をひいて②を入れ、中火でこんがりと焼き目がつくまで焼く。

お好みの
味つけにしても
OK！
みょうがの風味が
クセになるおいしさ

レンジで豚バラ大根蒸し

余ってしまった大根に豚バラをプラス。
さっぱり味でもお酒にぴったりのおつまみ。

豚肉が大根の
甘みを引き立てる

1. 大根は皮をむき、2㎜幅にスライスし、豚肉は食べやすい大きさに切る。
2. 耐熱容器に大根、豚肉の順に重ねて入れ、塩をふる。
3. ふんわりとラップをして電子レンジ(600W)で3分加熱する。
4. 小ねぎを散らし、お好みのタレをかける。

【材料(1人分)】

大根…80g
豚バラスライス肉…50g
塩…ひとつまみ
【タレ】
ポン酢しょうゆなど…適量
小ねぎ(小口切り)…適量

無限さばキムチ

低糖質のヘルシーおつまみ！
のりで巻いて食べて飲むのくり返し。
これがあれば無限に飲めます。

【材料（1人分）】

さば缶（水煮）…1/2缶（80g）
白菜キムチ…40〜50g
韓国のり…１パック（８枚）
白いりごま…少々
ごま油（お好みで）…適量

1. さば缶は汁気を切ってほぐし、キムチは細かく刻む。
2. ボウルにさば缶とキムチ、お好みでごま油を入れて和え、白いりごまをふり、韓国のりで巻いて食べる。

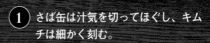

たこわさのコチュジャン和え

たこわさとコチュジャンを和えてチャンジャ風に！意外と合う組み合わせです。

たこわさを使った味変レシピ！

韓国風の味わいが簡単に作れる

【材料（1人分）】

たこわさ…1/2パック（35g）
きゅうり…1/2本
コチュジャン…適量
ごま油・しょうゆ・白いりごま
…各少々

1. きゅうりは1㎝大の角切りにする。
2. ボウルに①、たこわさ、ごま油、しょうゆ、コチュジャンを入れて和え、白いりごまをふる。

にんじんとさきいかのナムル

居酒屋で食べたレシピを再現。にんじんの食感がやみつきになる味わいです。

【材料（1人分）】

にんじん…1/2本
塩（塩もみ用）…小さじ1/4
さきいか…１袋（17g）
Aごま油…小さじ１～１と1/2
　塩・こしょう・おろしにんにく…各少々
白いりごま…適量

多めに作って作りおきしても！

1. にんじんは皮をむき、スライサーなどで千切りにする。
2. ❶に塩をふって塩もみし、しんなりとしたらサッと水洗いして水気を絞る。
3. ボウルにAを入れて混ぜ、❷とさきいかを加えて和え、白いりごまをふる。

ごま油が香るかつおのたたきなめろう

スーパーで買えるかつおのたたきを使ってなめろうに！ちびちびつまんでちびちび飲めます。

【材料（1人分）】

かつおのたたき…100g
小ねぎ（小口切り）…ひとつかみ
大葉…１～２枚
Aごま油・だししょうゆ…各小さじ２
　塩・おろしにんにく（チューブ）・おろししょうが（チューブ）…各少々
白いりごま…少々
韓国のり（のりでも可・お好みで）…適量

1. かつおは包丁でたたきながら細かく刻む。
2. Aを❶に加えてたたきながら混ぜ合わせ、小ねぎとちぎった大葉を加え、さらにたたきながら混ぜ合わせる。
3. 器に盛り、大葉（分量外）を添え白いりごまをふる。お好みで韓国のりに包んで食べる。

温玉とろ〜り！ねぎとろタルタル

まぐろのたたきにオリーブオイルと粗びき黒こしょうをガリガリ。お酒泥棒が完成。

【材料（1人分）】

まぐろのたたき…100g
温泉卵…１個
小ねぎ（小口切り）…適量
A オリーブオイル…小さじ２
　おろしにんにく（チューブ）・塩…各少々
粗びき黒こしょう…少々
バゲット・クラッカー（各お好みで）…適量

1. まぐろのたたきにAを混ぜる。
2. 器に①を盛り、温泉卵（白身が水っぽい場合は、割る際に少し水を切る）をのせて小ねぎを散らし、粗びき黒こしょうをふる。
3. お好みでバゲットやクラッカーにのせて食べる

オリーブオイルで温玉しらす

しらすの塩分とオリーブオイルの組み合わせが最高です。無限に飲めるやばいやつ。

【材料（1人分）】

釜揚げしらす…小分け１パック（24g）
温泉卵…１個
大葉…１〜２枚
おろしにんにく…少々
オリーブオイル…大さじ１
しょうゆ・小ねぎ（小口切り）・みょうが（千切り）など（各お好みで）…各適量

1. 器にオリーブオイルとおろしにんにくを入れて混ぜ、ソースを作る。
2. ❶の上にしらすをのせ、温泉卵（白身が水っぽい場合は、割る際に少し水を切る）を割り入れる。
3. 大葉はちぎって散らし、お好みでしょうゆや小ねぎ、みょうがなどを加える。混ぜて食べる。

味つきとろろのふわとろチーズ焼き

とろろの鉄板焼きをおつまみに飲みたくて、あれこれ作ってたどり着いたレシピ。

【材料（1人分）】

とろろ（味つき・市販品）…100g
卵…１個
ピザ用チーズ…適量
小ねぎ（小口切り・お好みで）…適量

1. ボウルにとろろと卵を割り入れて混ぜ、チーズを加え、軽く混ぜる。
2. 耐熱容器に薄くサラダ油（分量外）をひき（こびりつきが気にならない場合、油はひかなくてもOK）、❶を流し入れ、お好みでチーズをさらにのせる。
3. ❷をオーブントースターに入れ、ぷくっとふくらんで、こんがりと焼き目がつくまで焼く（10〜15分程度）。お好みで小ねぎをのせる。

とろろとチーズで
とろっとろ！

もんじゃサラダ

居酒屋で食べて
ハマった
もんじゃサラダを、
自宅で再現してみたら
簡単でおいしい！

【材料（1人分）】

千切りキャベツ（市販品）
　…1袋分（150g）
ラーメンスナック（チキン味）
　…ミニ1袋（21g）
揚げ玉・紅しょうが…各適量
【ソース】
お好み焼きソース・マヨネーズ・
かつお節…各適量

1. 器にキャベツを盛り、紅しょうが、ベビースターラーメン、揚げ玉を散らす。
2. ソースの材料をかける。

レタスとベーコンのレンジ蒸し

余ったレタスの
消費レシピ。
もりもり食べられて
お酒のつまみにもぴったり。

【材料（1人分）】

レタス…100g程度
ベーコン（薄切り）…1枚
おろしにんにく…適量
オリーブオイル…小さじ1～2
コンソメ（顆粒）…小さじ1/2
塩…少々
粗びき黒こしょう…小さじ1

1. 耐熱容器に細かくちぎったレタス、細切りにしたベーコン、おろしにんにく、オリーブオイルを入れて和える。
2. ふんわりとラップをし、電子レンジ（600W）で1分20秒加熱する。
3. 熱いうちにコンソメ、塩を加えて和え、粗びき黒こしょうをふる。

粗びき黒こしょうを
きかせてもOK

カリもち大根とベーコンのガレット

パリッじゅわ~の不思議な食感でやみつきになるおいしさ。お酒にもぴったり。

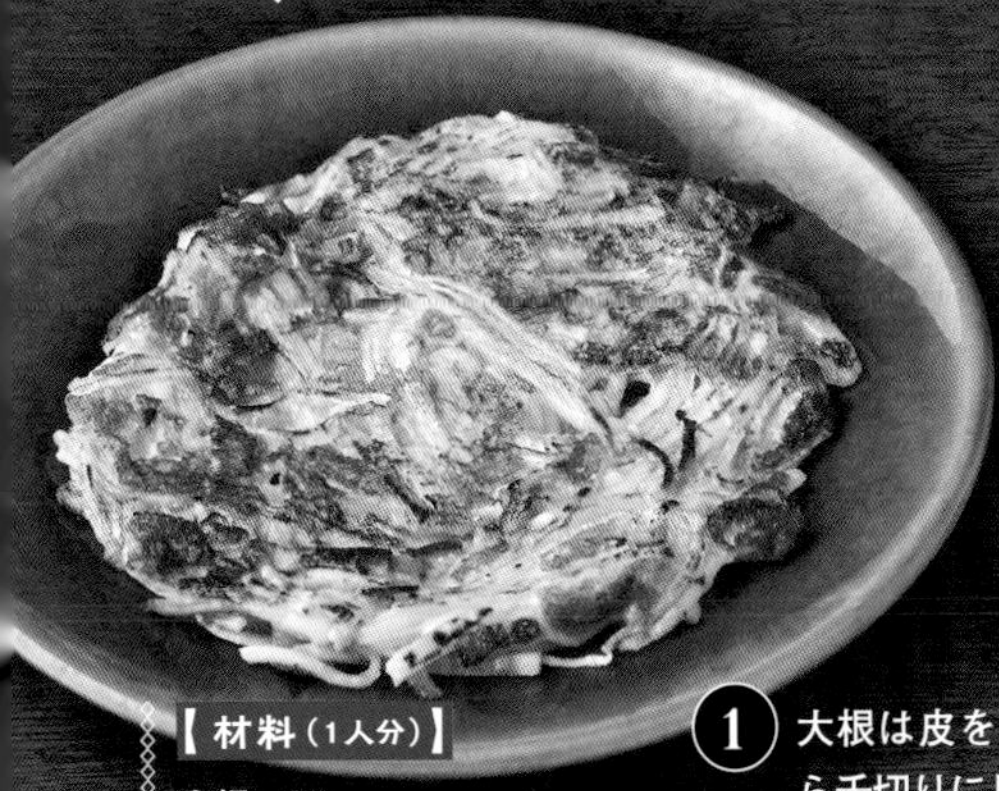

【材料（1人分）】

大根…80g
ベーコン…２枚
片栗粉…大さじ１と1/2～２
ピザ用チーズ…ひとつかみ
白だし…小さじ２
サラダ油…適量

1. 大根は皮をむき、２㎜幅にスライスしてから千切りにし、ベーコンは千切りにする。
2. ボウルに①を入れ、片栗粉、チーズ、白だしを加えて混ぜる。
3. フライパンにサラダ油をひき、②を入れて両面に焼き色がつくまで焼く。

やみつきツナピー味噌

ほろ苦ピーマンと旨みのあるツナ、甘めに仕上げた味噌ダレとの相性は抜群。

【材料（1人分）】

ピーマン…２～３個
ツナ缶（ノンオイル）…１缶（60g）
ごま油…少々
【無限ダレ】
味噌（だし入り）・酒…各大さじ１
砂糖…小さじ１～２
白いりごま（お好みで）…適量

1. ピーマンはみじん切りにする。
2. フライパンにごま油をひき、①、汁気を切ったツナを入れて水分がなくなるまで炒める。
3. 無限ダレの材料を加えて、さらに水分がなくなるまで炒め、お好みで白いりごまをふる。

無限ダレの味で
お酒がすすむ

みょうがピクルス

苦手だったみょうがもピクルスにすると爽やかで食べやすく。もりもりいけます。

【材料（1人分）】

みょうが…お好みの量

【調味液】

カンタン酢®…漬かるぐらいの量

※カンタン酢®がない場合は、酢大さじ1、水大さじ1、砂糖小さじ1、塩少々を混ぜた漬けダレでも可

① みょうがを縦半分に切って千切りにする。

② ポリ袋に①を入れ、調味液を流し入れ、冷蔵庫で1時間おく。

切って漬けるだけで完成

レンジで厚揚げ肉なし麻婆豆腐

麻婆豆腐味の厚揚げバージョン。ピリ辛の味わいなのでお酒もご飯もすすみます。

【材料（1人分）】

厚揚げ…150g

【調味液】

水…40mℓ

酒…大さじ1

テンメンジャン…小さじ2

トウバンジャン…小さじ1/2〜1

鶏がらスープの素（顆粒）…小さじ1

しょうゆ…少々

おろしにんにく（チューブ）…少々

片栗粉…小さじ1/2

小ねぎ（小口切り）…適量

ラー油（お好みで）…少々

1 キッチンペーパーで厚揚げの油をふく。

2 耐熱ボウルに調味液を入れてよく混ぜ、❶をちぎりながら入れる。

3 ふんわりとラップをし、電子レンジ（600W）で2分加熱してかき混ぜ、ラップはせずにさらに30秒加熱する。

4 器に盛り、小ねぎを散らす。お好みでラー油をかける。

もやしとベーコンのカレーおひたし

「カレー粉を混ぜるだけで簡単よ♪」と酒場で教わったスパイシーな味のおひたし。

ふわっと香るカレーの風味が◎

【材料（1人分）】

もやし…1/2袋（100g程度）
ベーコン…１～２枚
カレー粉…小さじ1/2～１
白だし…小さじ１～１と1/2
かつお節（お好みで）…少々

1. ベーコンは細切りにする。
2. もやしは耐熱容器に入れ、ラップをかけて電子レンジ（600W）で２分加熱し、水気を切る。
3. もやしが熱いうちに❶、カレー粉、白だしを加えて和え、お好みでかつお節をかける。

ヘルシー！納豆と豆腐のグラタン

納豆と豆腐でヘルシー。スプーンでちびちび食べてお酒がすすむお気に入りメニュー。

【材料（1人分）】

納豆（タレつき）…１パック
絹ごし豆腐…１パック（150g）
卵…１個
かに風味かまぼこ　3本
だししょうゆ…大さじ１
ピザ用チーズ…ひとつかみ
マヨネーズ・青のり（お好みで）…各適量

1. 耐熱ボウルに卵とだししょうゆを入れて混ぜる。豆腐（軽く水切りする）、付属のタレを混ぜた納豆、裂いたかに風味かまぼこを加えて混ぜる。
2. ふんわりとラップをして電子レンジ（600W）で２分30秒加熱する。
3. グラタン皿などに入れ、チーズをのせて、マヨネーズをかけ、240℃で予熱したオーブントースターで８分ほど焼き、焦げ目がついたら完成。お好みで青のりをかける。

刻んだキムチを混ぜるのもおすすめ

納豆とキャベツのおつまみサラダ

ヘルシーなのでダイエッターにもおすすめのおつまみ。
やせたいけど飲みたい人にぜひ。

【材料（1人分）】

納豆（タレつき）…1パック
千切りキャベツ…1袋（150g・市販品）
粗びき黒こしょう・だししょうゆ各適量
クリームチーズ（お好みで）
…1個（16.3g）
韓国のり（お好みで）…適量

1. 納豆は付属のタレを入れて混ぜる。
2. キャベツは器に盛り、❶をのせ、だししょうゆをかけ、粗びき黒こしょうをふる。
3. お好みでちぎったクリームチーズをのせ、ちぎった韓国のりを散らす。

キャベツたっぷりで
ボリューム満点

オクラとちくわのピリ辛キムチ和え

コンビニの冷凍カットオクラはとっても優秀です！
冷凍オクラなら下処理は必要なし！

切って和えるだけの簡単レシピ

【材料（1人分）】

カットオクラ（冷凍）…40〜50g
白菜キムチ…30g
ちくわ…1本
ごま油…小さじ1
しょうゆ・コチュジャン（お好みで）・白いりごま…各少々

1. オクラは電子レンジ（600W）で1分加熱して解凍する。ちくわは輪切りにする。
2. ボウルに①、キムチ、ごま油、しょうゆ、お好みでコチュジャンを入れて和え、白いりごまをふる。

梅アボカド

梅とアボカドの組み合わせが大好き。さっぱりとしておいしいのでよく作るおつまみです。

ほんのり甘みを加えるのがポイント

【材料（1人分）】

アボカド…1個
梅干し（中サイズ・種なし）…2〜3個
しょうゆ…大さじ1
かつお節…適量
砂糖…小さじ1/2
※はちみつ梅の場合は不要
ごま油（お好みで）…少々

1. アボカドは皮をむき、サイコロ状に切る。梅干しはたたく。
2. ボウルに梅干し、しょうゆ、砂糖を入れて混ぜ、アボカドを加えて和える。
3. 器に盛り、かつお節をかけ、お好みでごま油をかける。

超簡単でおいしい！

アールグレイ漬け込みウイスキー

バーで出会ったとてもおいしいウイスキーを自宅で再現！ 数時間漬け込むだけでアールグレイとウイスキーの香りが混ざり合った爽やかな風味が楽しめます。

【材料（300mℓ分）】

ウイスキー…300mℓ

アールグレイのティーバッグ…2個

※雑菌が気になる方は、殺菌済みの水出しティーバッグを使用してください

用意する道具

空瓶…350mℓ以上入るもの

1 空瓶に紙タグと糸を取り除いたアールグレイのティーバッグを2個入れる。

2 ウイスキー300mℓを注ぎ入れる。3〜6時間漬け込んだらティーバッグを取り出して完成。

おすすめの割り方紹介

できあがったアールグレイ漬け込みウイスキーを
おいしく楽しむ割り方を紹介します。
おすすめ以外にもお好きな割り材で楽しんでください。

豆乳割り

豆乳が加わることでまろやかな味わいに。飲みすぎ注意の割り方です。

アールグレイハイボール

シンプルに炭酸で割るハイボール。アールグレイの爽やかな香りと渋みがふわっとしておいしい！

ウイスキーの代わりに！

アールグレイ焼酎

ウイスキーの代わりに、焼酎に漬け込むのもおすすめ。焼酎のすっきり感とアールグレイの香りも相性抜群！

コンソメズッキーニの揚げ焼き

カリッ、ジュワ〜〜〜!
でおいしい。
お酒もすぐになくなります。

【材料(1人分)】

ズッキーニ…1本

【衣用】

- 片栗粉…大さじ1
- コンソメ(顆粒)…小さじ1〜2
- 粉チーズ…適量
- 塩・こしょう…各少々

サラダ油…適量

1. ズッキーニは棒状に切る。
2. ポリ袋に衣用の材料を入れて混ぜ、ズッキーニを加えてふり混ぜ、粉をまんべんなくつける。
3. フライパンにサラダ油をひき、②をこんがりするまで揚げ焼きにする。粉チーズ(適量・分量外)をふる。

ズッキーニと塩昆布のイタリアンナムル

イタリアンナムル風で絶品。
ズッキーニが秒でなくなる
お気に入りのおつまみです。

【材料(1人分)】

- ズッキーニ…1本
- オリーブオイル…適量
- 塩昆布…ひとつまみ
- 塩…少々
- 粉チーズ…適量
- おろしにんにく(お好みで)…少々

1. ズッキーニはスライサーでスライスし、塩もみ(適量・分量外)をしてアクを抜き、軽く洗って水気を絞る。
2. ボウルに❶を入れ、オリーブオイルを回しかけ、塩昆布、塩を加えて和える。お好みでおろしにんにくを混ぜ、粉チーズをかける。

ちくわきゅうりスペシャル

昔、角打ちで食べた思い出の味。
定番のちくわきゅうりに魚肉ソーセージが入ったスペシャルメニューでした。
仕上げに七味をふるのがポイントです。

【材料（1人分）】

魚肉ソーセージ・ちくわ…各1本
きゅうり…1/2〜1本
マヨネーズ・七味唐辛子（お好みで）…各適量

1. 魚肉ソーセージとちくわは食べやすい厚さに斜め切りにし、きゅうりは薄い輪切りにする。
2. 器に盛り、マヨネーズをかけ、お好みで七味をかける。

にんじんとくるみのごま酢和え

くるみではなくカシューナッツでもおすすめ。
にんじんもお酒もどんどんすすみます。

【材料（1人分）】

にんじん…1/2本
塩（塩もみ用）…小さじ1/4
素焼きくるみ…2〜3個
粗びき黒こしょう…適量
【ごま酢ダレ】
　白すりごま…大さじ1
　ぽん酢しょうゆ…小さじ1
　砂糖…小さじ1/2
クリームチーズ（お好みで）…1個（16.3g）

にんじんの代わりにアボカドで作っても

1. にんじんは皮をむき、千切りにする。
2. にんじんに塩をふって塩もみし、しんなりとしたらサッと水洗いして水気を絞る。くるみは粗く刻む。
3. ボウルにごま酢ダレの材料を入れて混ぜ、②とお好みで細かくちぎったクリームチーズを加えて和え、粗びき黒こしょうをふる。

エリンギの塩昆布ナムル

大好物のエリンギで飲みたい！
と考案したメニュー。
食感もよくお酒もすすみます。

お好きなきのこで
作ってもOK

【材料（1人分）】

エリンギ…100g
塩昆布…ひとつまみ
ごま油・白いりごま
…各適量
塩（お好みで）…少々

1. エリンギを手で縦に細く裂く。
2. 耐熱容器に入れてふんわりとラップをし、電子レンジ（600W）で約３分加熱する。
3. 熱いうちに塩昆布、ごま油、お好みで塩を加えて和え、器に盛り、白いりごまをふる。

まいたけとちくわのチーズ蒸し

レンチンですぐに作れる簡単おつまみ。ワインでもハイボールでも合います。

【材料（1人分）】

まいたけ…1パック
ちくわ…1～2本
白だし…小さじ1～2
ピザ用チーズ…ひとつかみ
青のり（お好みで）…適量

1. まいたけは食べやすい大きさにほぐし、ちくわは縦半分に切って斜め薄切りにする。
2. 耐熱容器に❶を入れ、白だしを回しかけ、チーズをのせて電子レンジ（600W）で2分加熱する。
3. お好みで青のりをかける。

味つきメンマの天ぷら

居酒屋で食べた「味つきメンマの唐揚げ」をヒントに天ぷらを作ってみたら、サクっとおいしいお酒泥棒の完成！メンマを野菜やちくわと一緒にかき揚げにしてもおいしい。

【材料（1人分）】

メンマ（味つき）…1袋（70g）
【衣用】
｜天ぷら粉・水…各適量
サラダ油…適量

1. メンマの水気をキッチンペーパーなどでしっかり取る。
2. ボウルに衣用の材料を入れて混ぜ、❶につける。
3. フライパンにサラダ油を入れて❷を入れ、両面がこんがりするまで揚げ焼きにする。

万能ガーリッククリームチーズ

万能ガーリッククリームチーズがあれば、すべての食材がおつまみに変身します。

にんにくは
お好みの量で
楽しんで

【材料（1人分）】

クリームチーズ
…2個（32.6g）
おろしにんにく…適量
粗びき黒こしょう…少々
しょうゆ・パセリ
（各お好みで）…各少々
サーモン（刺身）・
クラッカー・パセリ
（みじん切り）…各適量
きゅうり…適量
ちくわ…適量

1. 耐熱容器にクリームチーズを入れ、電子レンジ（600W）で15秒加熱し、やわらかくする。
2. ①におろしにんにく、粗びき黒こしょうを加えて混ぜ、ガーリッククリームチーズを作る。
3. 食べやすい大きさに切ったサーモンと②をクラッカーの上にのせる。お好みでパセリをふる。
4. きゅうりは斜め薄切りにし、②をのせる。ちくわは縦半分に切ってひと口サイズに切り、ちくわの溝の部分に②をのせる。

梅クリームチーズ

何度作ったかわからないわが家の定番おつまみ。梅干しとチーズの相性が抜群です。

のせるだけの
シンプル調理で失敗なし！

【材料（1人分）】

クリームチーズ…1個(16.3g)
梅干し(種なし・しそ漬け)…1個
塩昆布・かつお節・ごま油…各適量

器にクリームチーズをのせ、塩昆布、梅干し、かつお節をのせ、ごま油をかける。

紅しょうがとチーズのはんぺんボール

ふわふわでとろーっととろけるチーズ、紅しょうがのピリッと感がたまりません。

【材料（1人分）】

はんぺん…1枚(110g)
紅しょうが…大さじ1と1/2
ピザ用チーズ…ひとつかみ
片栗粉・マヨネーズ…各大さじ1
塩・こしょう…各少々
サラダ油…適量

1. はんぺんは袋入りのままつぶす。
2. ボウルに❶、片栗粉、マヨネーズ、塩こしょうを入れてよく混ぜ、さらに紅しょうが、チーズを加えて混ぜる。
3. フライパンにサラダ油をひき、食べやすい大きさに丸めた❷を並べて焼く。
4. 片面を2分ほど焼いたらひっくり返し、大さじ2の水(分量外)を加え、ふたをしてさらに2分ほど焼く。

磯辺クリームチーズ茶碗蒸し

大好きな青のりとちくわとクリームチーズ。茶碗蒸しにしたら想像以上のおいしさ。

【材料（1人分）】

- 卵…1個
- 白だし…大さじ1
- 水…150㎖
- クリームチーズ…1個（16.3g）
- ちくわ…1本
- 青のり…適量

1. ボウルに卵を割り入れて溶き、白だし、水を加えて混ぜ、ざるでこす。
2. 耐熱容器にちぎったクリームチーズ、輪切りにしたちくわ、青のりを入れ、①を注ぐ。
3. ぴっちりとラップをして電子レンジ（600W）で1分30秒加熱（状態がゆるければ、10秒ずつ追加加熱してください）し、そのまま1分おいて蒸らす。

※電子レンジから取り出す際は、突沸や火傷に注意してください。

のり佃煮とわさびのきつねピザ

風味豊かなのりの佃煮とまろやかなチーズのハーモニー！そしてピリっとわさびのアクセントでお酒がすすむ、ヘルシーな油揚げピザ。

【材料（1人分）】

- 油揚げ…1枚
- サラダ油・のりの佃煮…各適量
- わさび（チューブ）…少々
- ピザ用チーズ・小ねぎ（小口切り）…各適量

1. 油揚げは油分をキッチンペーパーでふいて4等分の三角形に切り、サラダ油、のりの佃煮をぬり、わさびをのせて広げるように混ぜる。
2. チーズはお好みの量をのせる。
3. 230℃に予熱したオーブントースターでチーズが溶けるまで3分ほど焼き、小ねぎをのせる。

きつねチップス

油揚げのヘルシースナック！
水分をもっていかれるのでお酒もすすんじゃうやつです。

【材料（1人分）】

油揚げ…１枚
お好みのスパイス…各適量
　青のり＆塩、こしょう
　白すりごま＆塩、こしょう
　カレー粉＆塩、こしょう
　昆布茶、コンソメ（粉末）など

1. 油揚げ（油抜きはしない）は開き、１辺が４㎝程度の三角形に切る。
2. クッキングシートに油揚げを重ならないように並べ、パリパリになるまで電子レンジ（600W）で４分加熱する。
3. ポリ袋に入れ、お好みの味つけのスパイスを入れてやさしくふり混ぜる。

味しみ焼きこんにゃく

味が薄ければ最後に焼き肉のタレをプラスして食べてもOK。

【材料（1人分）】

板こんにゃく…1/2枚（100g程度）
焼き肉のタレ（にんにく入りのもの）
　…大さじ１～２
白いりごま（お好みで）…少々

1. こんにゃくは湯で洗って水気を切り、横に５㎜幅にスライスして、フォークで線を入れるように切り目を入れる。
2. ポリ袋に①と焼き肉のタレを入れ、軽くもんで、30分ほど冷蔵庫におく。
3. フライパン（油はひかない）にタレを切った②を入れて焼き、水分がなくなってきたら（押しつけると音が出るぐらい）、残ったタレを加えて軽く炒める。
4. 器に盛り、お好みで白いりごまをふる。

たこわさレタス炒飯

たこわさが残ったときのリメイクレシピ！
おつまみでも〆のメニューにしても◎。

【材料（1人分）】

たこわさ…1/2パック（35g）
白ご飯…茶碗小盛り１杯（100g）
レタス…１枚
ごま油…適量
マヨネーズ…小さじ１
白だし・塩（お好みで）…各少々

1. フライパンにごま油をひき、たこわさを入れて軽く炒め、白だしで味をつける。
2. 火を止めて白ご飯とマヨネーズを加え、中〜強火で全体にマヨネーズが絡むまで炒める。
3. 細かくちぎったレタスとお好みで塩を入れてサッと炒める。

マヨネーズで
パラパラご飯に

残った刺身で漬けちらし

残ったお刺身にめんつゆ&
ごま油を加えて味変。
〆のメニューに
しちゃいましょう。

味のしみた刺身で
ご飯がすすむ

【材料（1人分）】

残った刺身…100g
※まぐろ、ぶり、かつおなど

【漬けダレ】
- めんつゆ（3倍濃縮）…大さじ3
- みりん・ごま油…各小さじ1

白ご飯…100g
すし酢・白いりごま…各適量
和からし・大葉（各お好みで）…各適量

1. ポリ袋に漬けダレの材料を入れて軽く混ぜ、刺身を入れ、冷蔵庫で30分ほどおく。
2. 白ご飯にすし酢を混ぜて器に盛り、❶をのせる。
3. 白いりごまをふり、お好みで和からしを添え、千切りにした大葉を散らす。

漁師めしガワ風

静岡で知った郷土料理「ガワ」。漁師めしが発祥で二日酔いの日にもおすすめです。

そうめんのつけ汁にもおすすめ!

【材料(1人分)】

だし入り味噌…大さじ2
※氷が入るので少し濃いめに
水…200mℓ

【具材】

お好みの刺身
…3切れ※かつおなど
梅干し…1個
玉ねぎ…1/4個
きゅうり…1/4本
みょうが…1/2個
大葉…2～3枚

小ねぎ(小口切り)・おろししょうが(チューブ)…各少々

1. 具材の刺身と梅干しは粗めにたたき、玉ねぎは薄切り、きゅうりは薄い輪切りにし、みょうがと大葉は千切りにする。
2. 味噌は水で溶く。
3. 器に❶と小ねぎ、おろししょうが、氷(分量外)を入れ、❷を注ぐ。

梅かつおの即席味噌汁

二日酔いの朝に飲んでいる味噌汁。梅の酸味が爽やかで身体にじんわりと染み渡ります。

【材料(1人分)】

梅干し…1個
だし入り味噌…小さじ2
かつお節・小ねぎ(小口切り)…各ひとつまみ
白すりごま…適量
湯…150～200mℓ

1. 器に梅干し、かつお節、味噌、白すりごま、小ねぎを入れる。
2. 湯を注いでよく混ぜる。

黒豆マスカルポーネ

居酒屋で食べたおつまみを元に作ってみました。黒豆のやさしい甘味がお酒にぴったり。

マスカルポーネが黒豆を引き立てる

【材料（1人分）】

黒豆の甘煮（市販品）
…1パック（62g）
［ソース］
- マスカルポーネチーズ…大さじ2
- クリームチーズ…1個（16.3g）
- レモン汁・砂糖…各少々

クラッカー…適量

1. ボウルにソースの材料を入れて混ぜる。
2. 煮汁を切った黒豆を❶に加えて和える。
3. クラッカーにのせて食べる。

おつまみクリームチーズデザート

バーで食べたデザートのようなクリームチーズを思い出して作ってみたレシピ。

【材料（1人分）】

クリームチーズ…2個（32.6g）
ナッツ＆ドライフルーツ…ひとつかみ
※アーモンド、カシューナッツ、レーズン、クランベリー、パインなど
粗びき黒こしょう（お好みで）…少々
はちみつ・クラッカー
（各お好みで）…各適量

1. クリームチーズは電子レンジ（600W）で15秒加熱し、やわらかくする。
2. ❶に包丁で粗く刻んだナッツ類とドライフルーツを加えて混ぜる（お好みでラム酒をかけても）。
3. 冷蔵庫に30分入れて冷やす。お好みで粗びき黒こしょうやはちみつをかけ、クラッカーにのせて食べる。

総席数	カウンター席数	ひとり客	男女比	お通し・席料	酎ハイ価格	予算目安	創業	掲載ページ
立ち飲み15	0	5割	7:3	なし、サービスでフルーツ	350円	1,800円	2000年	P.16
立ち飲み10	0	8割	8:2	なし	300円	1,500円	2006年	P.18
立ち飲み40	7	6割	7:3	なし	170円	1,300円	2016年	P.20
立ち飲み12	0	9割	7:3	なし	250円	1,000円	1883年	P.22
立ち飲み15	5	7割	6:4	なし	300円	1,500円	2015年	P.24
立ち飲み20	8	はなれ2割、立ち8割	6:4	はなれ席料330円	酎ハイセット540円	はなれ2,500～	2011年	P.26
立ち飲み30	0	2-3割	7:3	なし	320円	2,000～3,000円	2006年	P.32
12	8	8割	6:4	なし	330円	1,500～2,000円	2017年	P.34
立ち飲み1階約40	0	5割	4:6	なし（椅子、小鉢付き300円も可）	330円	2,500円	2022年	P.36
立ち飲み18	0	7～8割	8:2	なし	500円	2,000～2,500円	2019年	P.38
立ち飲み14	8～10	7割	6:4	なし	390円	2,000～2,500円	2022年	P.40
84	0	立ち5割	3:7	なし	酎ハイなし オンブラ280円	1,000～2,000円	2000年	P.42
立ち飲み20	4～5	4割	6:4	選べるお通し220円	330円	2,000円	2021年	P.48
立ち飲み40	20	6割強	7:3	なし	290円	2,000円弱	1989年	P.50
20～23	6	4割	7:3	席料110円	410円	2,500～3,500円	2016年	P.52
26	4	3割	5:5	席料100円	380円	2,000～3,000円	2020年	P.54
30	10	4割	6:4	席料100円	430円	2,500円	2015年	P.56
47	5	2割	9:1	お通し220円	350円	2,000～3,000円	2011年	P.62
12	5	6割	5:5	なし	330円	2,000～3,000円	2010年	P.64
21	15	8割	8:2	なし ※おしぼりは1枚10円	1杯目270円、同じジョッキで2杯目260円	1,500～2,000円	2016年	P.66
10	6	6割	6:4	お通し300円	酎ハイなし レモンサワー350円	3,000円	2019年	P.68
36	6	3～4割	6:4	なし	180円	4,000円	2016年	P.70
20	6	6割	6:4	なし	400円	2,000円	2017年	P.72
40	10	1割	6:4	なし	酎ハイなし	3,000～4,000円	2016年	P.76
30	0	8割	9:1	なし	310円	1,500～2,000円	1928年	P.78
16	16	4割	6:4	お通し100円	焼酎ハイボール（セット）450円	2,000～3,000円	1967年	P.80
15	15	4割	7:3	なし	430円	2,000～3,000円	1951年	P.82
35	9	4割	7:3	なし	410円	3,000円	1956年	P.84
70	25	6割	7:3	なし	430円	2,000円	1972年	P.86
30	4	4割	6:4	席料200円	樽ハイ200円	1,000円	2018年	P.88

※「酔い処酒場早見表」は各酒場からのアンケート回答結果をもとに作成しています。

酔い処酒場早見表

営業時間やひとり客の割合などがひと目でわかる!

店名	最寄駅	営業時間	休日	たばこ
壹番館	新橋	15：00〜23：30	土日祭日	喫煙可
勘蔵	蒲田	平日16：00〜24：00、休日12：00〜24：00	なし	喫煙可
立ち酔い 超人	亀戸	平日15：00〜23：00、休日15：00〜22：00	不定休	店内喫煙所あり
明治屋酒店	本所 吾妻橋	平日12：00〜23：00、休日12：00〜21：00	日曜日	禁煙 （店外喫煙可）
キリンと ラガーまん	大山	16：00〜24：00	水、木、日	喫煙可
阿佐立ち	阿佐ヶ谷	17：00〜26：00	不定休	禁煙
スタンド ヒーロー	水道橋	平日17：00〜23：00、土16：30〜21：00	日祝、隔週月	禁煙
立ち飲み居酒屋 RAKUMI	八丁堀	お弁当11：00〜約13：00、 夜営業16：30〜22：00	土日祭日	禁煙 （店外喫煙可）
なまけ	蒲田	15：00〜22：00	火、水	禁煙 （店外喫煙可）
かぶき 立ち呑み	神田	17：00〜23：30	日、祝	喫煙可
岩瀬蒸店	池袋	15：00〜23：00	不定休	禁煙 （店外喫煙可）
IL Bacaro イル・バーカロ	新宿 三丁目	平日11：30〜15：00、17：30〜23：00、 休日11：30〜23：00	月	禁煙
ピザランド	蒲田	17：00〜24：30	月、火	禁煙 （店外喫煙可）
やきとん みつぼ	池袋	15：30〜23：30	日祝、お盆、正月	喫煙可
須賀乃湯	上板橋	火〜土17：00〜23：00 日17：00〜22：00	月、不定休	禁煙
やきとん 泰希	成増	平日15：00〜22：30、休日13：00〜22：30	木、月1水、木	禁煙 （店外喫煙可）
もつ焼 たつや 町屋店	町屋	平日17：00〜23：00、土16：00〜23：00、 日16：00〜22：30	月曜	禁煙 （店外喫煙可）
ごっつり 南千住店	南千住	11：30〜23：00	なし	可煙式のみ
串かつ 名代	幡ヶ谷	15：00〜22：00	木、日	喫煙可
すーさんち	三鷹	平日11：30〜14：00、15：00〜23：00、休 日14：00〜23：00	日	禁煙 （店外喫煙可）
キッチン蓮	新宿	17：00〜23：00	日、祝日	禁煙
TORIKAGO	赤羽	平日11：30〜15：00、休日17：00〜23：00	なし（年末年始は お休みあり）	禁煙 （店外喫煙可）
ナニコレ食堂	巣鴨	平日8：00〜18：00、金12：00〜18：00、 土日8：00〜18：00	水	禁煙
さかづき Brewing	北千住	水〜金16：00〜22：30 土祝13：00〜22：30　日13：00〜21：30	月、火	分煙
斎藤酒場	十条	月〜金16：30〜23：00（L.O.22：30） 土16：30〜22：30（L.O.22：00）	日、祝	禁煙
大林	篠崎	17：00〜23：00	木、第4水曜日	禁煙
ゑびす	四ツ木	16：00〜22：00	火曜日	禁煙 （店外喫煙可）
酒屋の酒場	北千住	16：30〜22：00	日、水、祝日	禁煙
信濃路 鶯谷店	鶯谷	7：00〜23：30	なし	禁煙 （店外喫煙可）
もちこみ屋	曳舟	11：00〜17：00	日曜日	喫煙可

あとがき

仕事後にちょっと一杯、ひとりで楽しむお酒はONとOFFを切り替えるスイッチのようなもの。頑張った日やうれしいことがあった日には格別のひとときとなり、しんどいことがあった日には心の栄養剤になる。自分のペースで黙々と飲んだり、ときにはその場の雰囲気に身を任せたり、気ままに楽しめるひとり飲みは、私にとって必要不可欠なリラックスタイムです。

本書では、私が日ごろ楽しんでいる酒場や自宅でのひとり飲みを、同様に興味を持つ皆さんに共有することで、ひとり飲みがより気軽で楽しいものになったらいいな、と、そんなコンセプトでこの本を作りました。

第一章の「酒場で楽しむひとり飲み」でご紹介したお店は、大衆価格でおいしいことはもちろんなのですが、重視したのは居心地よくひとり飲みできるかどうか？というところです。もちろんこれは、私が感じる居心地のよさであり、訪れるタイミングやその人の性格によって変わるところではあります。ですが、ひとりでも違和感なくちょっと一杯楽

しめて、明日の活力になる素敵なお店ばかりですので、気になったらぜひ足を運んでみてくださいね。

　また、第二章の「酒場に教わる絶品レシピ」にご参加いただいたお店も、同様にひとり飲みにおすすめの素敵なお店ばかりです。どのお店のレシピも魅力的でお酒がすすみます。お店の味を自宅で楽しむもよし、実際に飲みに行くもよし！　一冊で二度楽しめると自負しています。

　最後に、第二章の「せんべろnetの簡単おつまみレシピ」について。私自身、仕事が忙しい時、週の半分は家飲みを楽しんでいます。前作でレシピの反響があったことから、ひとり飲みにちょうどいい簡単おつまみレシピを43品考案しました。前作同様にほろ酔いでも作れる簡単なものが中心なので、分量は記載していますが、自分好みにアレンジしてお気に入りの味を見つけてくださいね。

　本書でひとり飲みがさらに楽しい時間になったらこれほどうれしいことはありません。

　手に取ってくださった呑兵衛の皆さま、お忙しい中ご協力くださった皆さま、全ての方に感謝致します。最後までお読みいただきありがとうございました。

　さて、今日もそろそろはじめますか！　カンパ～イ！

せんべろnetの
ひとり酒場
家飲み手帖

2023年8月8日　第1刷発行

著者	せんべろnetひろみん
発行人	松井謙介
編集人	長崎　有
企画編集	柏倉友弥
発行所	株式会社　ワン・パブリッシング 〒110-0005 東京都台東区上野 3 - 24 - 6
印刷所	大日本印刷株式会社
DTP	株式会社グレン

●この本に関する各種お問い合わせ先
本の内容については、
下記サイトのお問い合わせフォームよりお願いします。
https://one-publishing.co.jp/contact/
不良品(落丁、乱丁)については　Tel 0570-092555
業務センター　〒354-0045 埼玉県入間郡三芳町上富279-1
在庫・注文については書店専用受注センター　Tel 0570-000346

ワン・パブリッシングの書籍・雑誌についての新刊情報・詳細情報は、
下記をご覧ください。
https://one-publishing.co.jp/

せんべろnet
ひろみん

都内在住の酒飲み女・晩酌研究家。飲むこと食べること、ひとり飲みや酒場探索が好き。運営サイト「せんべろnet」で、立ち飲みや大衆酒場など、ちょっと一杯楽しめる飲み歩き情報や簡単おつまみレシピなど家飲み情報を配信中。

1000bero.net
Twitter @1000bero_net
Instagram @1000bero_net

STAFF

装丁・デザイン
高津康二郎　(ohmae-d)

MAPイラスト
ZOUKOUBOU

イラスト
ぴゃ～ちゃん

撮影
第一章(中田悟、我妻慶一、尾島翔太、ひろみん)
第二章(よねくらりょう、ひろみん)
コラム(中田悟、よねくらりょう、ひろみん)

フードスタイリング
片山愛沙子

校正
麦秋アートセンター

編集協力
株式会社A.I